Aufläufe, Gratins und Soufflés

verbreiten den köstlichsten Duft in der Küche, sehen appetitlich aus und schmecken unwiderstehlich. Kein Wunder also, daß diese verlockenden Gerichte aus dem Backofen immer hoch willkommen sind. Mit vollwertigen Zutaten zubereitet, sind sie auch noch sehr gesund.

Übrigens: Ofengerichte gelingen fast von selbst und haben eine gästefreundliche Garzeit – so ganz genau kommt es nämlich nicht darauf an, und Sie können sich vor dem Hauptgericht die für eine gesunde Ernährung so wichtige Rohkost in Ruhe schmecken lassen.

Die Farbfotos gestalteten Odette Teubner und Kerstin Mosny.

INHALT

4 **Was Sie wissen sollten**

4 Wichtig für gutes Gelingen

6 **Knusprige Teigwaren**

6 Lasagne mit Tomaten und Mangold
8 Nudel-Bohnen-Auflauf
8 Nudelgratin mit Tomaten
10 Cannelloni mit Gemüse und Ricotta
12 Gratinierte Spätzle

14 **Gemüse, Gemüse...**

14 Gefüllte Zucchini
15 Gefüllte Auberginen
16 Fenchel mit Pilzkruste
16 Lauchgratin mit Tomatenhaube
18 Tomatengratin mit Brot
18 Gefüllte Pilze mit Mangold
20 Buntes Gemüsegratin
20 Gemüseauflauf mit Quark
22 Selleriesoufflé mit Kräutersauce
24 Gratinierte Pilz-Brot-Klößchen
24 Gratinierter Blumenkohl

26 **Kartoffeln überbacken**

26 Kartoffeln mit Getreideschrot
26 Gebackene neue Kartoffeln
28 Kartoffel-Musaka
30 Kartoffel-Pilz-Gratin
30 Kartoffelgratin mit Apfelkruste
32 Kartoffel-Rosenkohl-Auflauf
32 Kartoffel-Tomaten-Auflauf

34 **Getreide und Hülsenfrüchte**

34 Kichererbsen-Blumenkohl-Gratin
36 Polentagratin
38 Kräuterpfannkuchen mit Linsen
40 Dinkelauflauf mit Bohnen und Tomaten
42 Roggenklößchen mit Tomaten
44 Tofugratin mit Gemüse
44 Tofugratin mit Kräuterpaste

46 **Vom Blech und aus der Form**

46 Pizza mit Kartoffeln
48 Möhren-Pilz-Quiche mit Ricotta
50 Gemüsekuchen
52 Roggenkuchen mit Tomaten

54 **Süßes aus dem Backofen**

54 Grießauflauf mit Obst
54 Gratinierte Zwetschgen
56 Quarkauflauf mit Rhabarber
58 Aprikosen mit Mohnhaube
59 Pfirsiche mit Nußstreuseln
60 Apfelauflauf mit Mandeln
60 Reisauflauf mit Kirschen

62 **Rezept- und Sachregister**

64 **Wichtiger Hinweis**

INHALT

WAS SIE WISSEN SOLLTEN

Wichtig für gutes Gelingen

Sind Aufläufe und all die anderen Backofengerichte erst einmal im Ofen, garen sie von selbst vor sich hin und gelingen ohne weiteres Zutun. Bei der Auswahl der Lebensmittel und bei ihrer Vorbereitung können Ihnen einige der nachfolgenden Tips aber sicherlich eine Hilfe sein.

Zutaten einkaufen
Wie bei allen Gerichten spielt auch bei Aufläufen die Wahl der Zutaten eine wichtige Rolle. Gemüse, das nicht mehr frisch ist, schmeckt nach dem Garen sicher trocken und hat weniger Aroma. Und es ist auch nicht gleichgültig, wo Sie das Gemüse kaufen. Ich bevorzuge immer Gemüse aus kontrolliert-ökologischem Anbau, denn da kann ich sicher sein, daß es besser schmeckt und die Umwelt nicht noch zusätzlich mit zahlreichen Unkrautvernichtungsmitteln, chemischen Düngern und den vielen anderen »Helfern« belastet wird.
Bitte beachten Sie zum Thema »Zutaten« auch den »Wichtigen Hinweis« auf Seite 64.

Eier
Eier sind bei der Zubereitung von Aufläufen eine wichtige Zutat. Achten Sie deshalb immer auf Qualität und Frische von Eiern. Und hier spielt neben den Zusätzen, die Eier von »konventionellen« Hühnern enthalten, natürlich auch der Tierschutz eine große Rolle. Kaufen Sie deshalb möglichst nur Eier

von freilaufenden Hühnern. Vielleicht kennen Sie in Ihrer Nähe einen Bauern, bei dem die Hühner noch frei auf dem Hof laufen können. Oder Sie erkundigen sich bei Ihrem Naturkosthändler oder im Reformhaus, woher die Eier kommen und wie sie dort gehalten werden. Hühner aus Bodenhaltung, was oft auf den Verpackungen groß angepriesen wird, sind übrigens nicht zwangsläufig auch gesunde Hühner. Diese Bezeichnung deutet nur darauf hin, daß die Tiere nicht auf der Stange sitzen, sondern auf dem Boden laufen können. Da sie dort aber meist auf sehr engem Raum zusammenleben, bekommen die Hühner oft auch schon vorbeugend Medikamente, denn die Ansteckungsgefahr ist bei dieser Enge zwangsläufig sehr groß.

Käse
Eine weitere wichtige Zutat bei der Zubereitung von Aufläufen und anderen Backofengerichten ist Käse. Ob Sie nun, wenn Hartkäse benötigt wird, Bergkäse, Emmentaler oder Parmesan verwenden, bleibt ganz Ihrer persönlichen Vorliebe überlassen. Eines sollten Sie jedoch immer tun: den Käse frisch reiben, denn fertig gerieben gekaufter Käse schmeckt bei weitem nicht so aromatisch. Wunderbar cremig werden vor allem Gratins mit dem weißen Mozzarella. Zum Überbacken nehme ich meist den einfachen Kuhmilch-Mozzarella, der aromatische Büffelmilch-Mozzarella büßt beim Garen an Ge-

schmack ein, und Sie sollten ihn besser roh genießen. Edelpilzkäse geben den Gerichten einen kräftigen Geschmack. Aber auch hier können Sie, zum Beispiel bei Gorgonzola, zwischen milderen und kräftigeren Sorten wählen.

Küchenhelfer
Für die einfache und schnelle Vorbereitung der Zutaten sind einige Küchenhelfer sehr nützlich. So brauchen Sie zum Beispiel einen Gurkenhobel, um Kartoffeln in wirklich dünne Scheiben schneiden zu können. Die Dicke der Scheiben macht sich nämlich auch bei der Garzeit etwas bemerkbar. Mit einer Rohkostraspel können Sie Gemüse viel schneller »kleinkriegen« als mit der Hand. Verwenden Sie aber immer den Fingerschutz, damit Sie sich beim Reiben und Raspeln nicht verletzen. Außerdem sehr nützlich ist eine Käsereibe, die es in den verschiedensten Ausführungen zu kaufen gibt.

Weitere Tips
• Die Form vor dem Einschichten der Zutaten einzufetten, wie man es früher immer gemacht hat, ist übrigens in der Regel absolut unnötig: Aufläufe und Gratins enthalten genügend feuchte Zutaten. Man fettet die Form also nur, wenn man den Zutaten zusätzlich Geschmack geben will oder bei manchen Kuchen, damit sie sich später besser vom Blech oder aus der Form lösen lassen.

• Das Vorheizen des Backofens, das uns bis vor kurzem

ebenfalls ganz selbstverständlich erschien, ist ebenfalls nicht nötig. Durch das Aufheizen wird Energie verschwendet, denn der Backofen wird innerhalb sehr kurzer Zeit schon warm. Sie finden in diesem Buch also nur ein einziges Gericht, für das der Ofen vorgeheizt wird, weil bei diesem Gericht die Garzeit extrem kurz ist.

Da die verschiedenen Backöfen sich unterschiedlich schnell aufheizen und auch die Hitze nicht immer gleichmäßig halten, sind die Zeitangaben in den Rezepten nicht auf die Minute verbindlich. Es kann also durchaus sein, daß Sie beim Garen in Ihrem Backofen einige Minuten anhängen müssen.

Wichtig für gutes Gelingen von Aufläufen, Gratins und Soufflés ist die Wahl der Zutaten. Bevorzugen Sie Gemüse aus kontrolliert-ökologischem Anbau und Eier von frei laufenden Hühnern.

WAS SIE WISSEN SOLLTEN

KNUSPRIGE TEIGWAREN

Lasagne mit Tomaten und Mangold

Nudelteig selbst zu machen, kostet zwar etwas Zeit, die Lasagne schmeckt aber gerade durch den frischen Teig besonders gut. Wenn es jedoch einmal schnell gehen soll, können Sie auch fertig gekaufte Nudelplatten (aus Vollkornmehl) verwenden. Manche sind ohne Vorkochen zu verwenden, andere müssen Sie laut Packungsanweisung vorkochen.

Zutaten für 4–6 Personen:
250 g Weizenvollkornmehl
Salz
1 Eßl. Sonnenblumenöl
1 Ei
1 Eigelb
etwa 5 Eßl. lauwarmes Wasser
800 g vollreife Tomaten
400 g Mangold
1 Bund Frühlingszwiebeln
1 Knoblauchzehe
1 Bund frischer Thymian
weißer Pfeffer, frisch gemahlen
1 Prise Zuckerrohrgranulat
200 g Gorgonzola
250 g Sahne
100 ccm Milch
40 g Parmesan, frisch gerieben
150 g Mozzarella
1/2 Bund Petersilie
Pergamentpapier

Braucht etwas Zeit

Bei 6 Personen pro Portion etwa:
2400 kJ/570 kcal
25 g Eiweiß · 35 g Fett
35 g Kohlenhydrate
9 g Ballaststoffe

• Zubereitungszeit: etwa 2 1/4 Stunden

1. Für den Teig das Mehl mit 1 kräftigen Prise Salz in einer Schüssel mischen. Das Öl, das Ei, das Eigelb und das Wasser dazugeben und alles zu einem glatten, geschmeidigen Teig verkneten. Der Teig soll weich sein, darf aber nicht an den Fingern kleben. Bei Bedarf noch etwas Mehl untermischen.

2. Den Teig zu einer Kugel formen, in Pergamentpapier wickeln und bei Zimmertemperatur ruhen lassen, bis die restlichen Zutaten vorbereitet sind.

3. Die Tomaten häuten und in kleine Würfel schneiden, dabei die Stielansätze herausschneiden. Den Mangold waschen und trockenschwenken. Die Blätter abschneiden und fein hacken. Die Stiele in feine Streifen schneiden. Die Frühlingszwiebeln putzen, waschen und mit dem zarten Grün in feine Ringe schneiden. Den Knoblauch hacken. Den Thymian waschen und die Blättchen von den Stielen streifen.

4. Die Tomaten mit dem Mangold, den Frühlingszwiebeln, dem Knoblauch und dem Thymian mischen, dann mit Salz, Pfeffer und dem Zuckerrohrgranulat würzen.

5. Für die Sauce den Gorgonzola in kleine Würfel schneiden. Den Käse mit der Sahne und der Milch in einem Topf bei mittlerer bis schwacher Hitze unter Rühren erwärmen,

bis er geschmolzen ist. Den Parmesan untermischen. Die Sauce mit Pfeffer abschmecken.

6. Den Teig noch einmal durchkneten, dann in Portionen teilen und auf der leicht bemehlten Arbeitsfläche oder in der Nudelmaschine zu dünnen Platten ausrollen.

7. Eine feuerfeste Form mit etwas Käsesauce ausgießen. Die Teigplatten und die Tomaten-Mangold-Mischung lagenweise in die Form schichten. Dabei jede Schicht mit etwas Sauce begießen. Die letzte Schicht sollte aus Teigplatten bestehen. Die restliche Käsesauce über die letzte Schicht gießen.

8. Den Mozzarella in kleine Würfel schneiden und auf der Lasagne verteilen.

9. Die Lasagne in den Backofen (Mitte) auf den Rost stellen. Den Ofen auf 220° schalten und die Lasagne etwa 45 Minuten backen, bis sie schön gebräunt ist.

10. Kurz vor Ende der Garzeit die Petersilie waschen, trockenschwenken und ohne die groben Stiele sehr fein hacken. Die Lasagne mit der Petersilie bestreut servieren.

Viel frisches Gemüse verbirgt sich hier unter knuspriger Decke.

KNUSPRIGE TEIGWAREN

KNUSPRIGE TEIGWAREN

Nudel-Bohnen-Auflauf

Zutaten für 4 Personen:
Salz
150 g schnittfester Schafkäse
2–3 Zweige frischer Rosmarin
1 Knoblauchzehe
1 Eßl. Zitronensaft
150 g beliebige Vollkornnudeln
500 g grüne Bohnen
weißer Pfeffer, frisch gemahlen
4 Eier
200 g Sahne
75 g Bergkäse, frisch gerieben
10 g Butter
1 Tomate

Gelingt leicht

Pro Portion etwa:
2600 kJ/620 kcal
28 g Eiweiß · 40 g Fett
35 g Kohlenhydrate
7 g Ballaststoffe

• Zubereitungszeit: etwa
1 1/4 Stunden

1. In 2 Töpfen reichlich Salzwasser zum Kochen bringen. Den Schafkäse würfeln. Den Rosmarin waschen, die Nadeln hacken. Den Knoblauch durch die Presse drücken. Den Schafkäse mit dem Rosmarin, dem Knoblauch und dem Zitronensaft mischen.

2. Die Nudeln im Salzwasser etwa 4 Minuten garen, abschrecken und abtropfen lassen.

3. Die Bohnen waschen und putzen, dann halbieren. Die Bohnen in sprudelnd kochendem Salzwasser etwa 3 Minuten garen, kalt abschrecken und abtropfen lassen.

4. Die Nudeln mit dem Schafkäse und den Bohnen mischen, salzen und pfeffern.

5. Die Eier trennen. Die Eigelbe mit der Sahne und dem Bergkäse verquirlen und unter die Nudelmasse mischen. Die Eiweiße steif schlagen und unterheben.

6. Die Masse in eine feuerfeste Form füllen und mit der Butter in Flöckchen belegen.

7. Die Form auf den Rost in den Backofen (Mitte) stellen. Den Ofen auf 200° schalten und den Auflauf etwa 40 Minuten garen.

8. Die Tomate würfeln und über den Auflauf streuen.

Nudelgratin mit Tomaten

Zutaten für 4 Personen:
Salz
200 g Vollkornspaghetti
600 g Tomaten
1 kleine Aubergine
1 Bund Basilikum
1/2 Bund frischer Thymian
schwarzer Pfeffer, frisch gemahlen
1 Prise Zuckerrohrgranulat
200 g Mozzarella
100 g Sahne
50 g Parmesan, frisch gerieben

Preiswert

Pro Portion etwa:
2000 kJ/480 kcal
26 g Eiweiß · 21 g Fett
42 g Kohlenhydrate
9 g Ballaststoffe

• Zubereitungszeit: etwa 1 Stunde

1. Reichlich Salzwasser zum Kochen bringen. Die Nudeln in Stücke brechen, dann im Salzwasser etwa 3 Minuten garen. Kalt abschrecken und abtropfen lassen.

2. Die Tomaten häuten und würfeln. Die Aubergine waschen und würfeln. Die Hälfte des Basilikums beiseite legen. Das restliche Basilikum fein hacken, die Thymianblättchen von den Stielen streifen.

3. Die Nudeln mit den Tomaten, der Aubergine und den Kräutern mischen und mit Salz, Pfeffer und dem Granulat abschmecken. Den Mozzarella klein würfeln. Mit der Sahne unter die Nudelmasse mischen.

4. Die Nudelmasse in eine feuerfeste Form geben und mit dem Parmesan bestreuen.

5. Die Form auf den Rost in den Backofen (Mitte) stellen. Den Ofen auf 220° schalten, das Gratin etwa 35 Minuten garen, bis es gebräunt ist.

6. Das restliche Basilikum hacken und darüber streuen.

Im Bild oben:
Nudel-Bohnen-Auflauf
Im Bild unten:
Nudelgratin mit Tomaten

KNUSPRIGE TEIGWAREN

KNUSPRIGE TEIGWAREN

Cannelloni mit Gemüse und Ricotta

Ricotta ist ein italienischer Frischkäse, der aus Kuh- oder Schafmilch hergestellt wird. Es gibt ihn in relativ weicher, aber auch in schnittfester Form zu kaufen. Ich habe für dieses Gericht schnittfesten Ricotta aus Kuhmilch verwendet. Sie erhalten Ricotta in Käseläden, beim italienischen Lebensmittelgeschäft oder in gut sortierten Supermärkten an der Käsetheke.

Zutaten für 4–6 Personen:
200 g Roggenvollkornmehl
2 Eier
1 Eßl. Olivenöl, kaltgepreßt
Salz
1 Stange Lauch
250 g junge Möhren
1 Knoblauchzehe
400 g Tomaten
200 g Champignons oder Egerlinge
1 Eßl. Zitronensaft
1 Bund Petersilie
300 g Ricotta
weißer Pfeffer, frisch gemahlen
250 g Sahne
60 g Parmesan, frisch gerieben
1 Kästchen Gartenkresse
Pergamentpapier

Raffiniert

Bei 6 Personen pro Portion etwa:
2000 kJ/480 kcal
19 g Eiweiß · 30 g Fett
29 g Kohlenhydrate
9 g Ballaststoffe

• Zubereitungszeit: etwa
  2 Stunden

1. Für den Teig das Roggenmehl mit den Eiern, dem Öl und 1 kräftigen Prise Salz in einer Schüssel mischen und alles zu einem glatten, geschmeidigen Teig verkneten. Der Teig soll weich sein, darf aber nicht an den Fingern kleben. Ist er zu trocken, noch etwas lauwarmes Wasser untermischen, ist er zu weich, noch etwas Mehl unterarbeiten.

2. Den Teig zu einer Kugel formen, in Pergamentpapier wickeln und bei Zimmertemperatur ruhen lassen.

3. Den Lauch putzen, längs halbieren und gründlich unter fließendem kaltem Wasser waschen. In dünne Halbringe schneiden. Die Möhren schälen, waschen und klein würfeln. Die Knoblauchzehe fein hacken.

4. Die Tomaten mit kochendem Wasser überbrühen, kurz darin ziehen lassen, kalt abschrecken und häuten. Die Tomaten klein würfeln, dabei die Stielansätze entfernen. Die Champignons oder die Egerlinge putzen und eventuell kurz kalt abspülen, dann ebenfalls würfeln. Die Pilze mit dem Zitronensaft mischen, damit sie sich nicht zu stark verfärben.

5. Die Pilze mit dem Lauch, den Möhren, dem Knoblauch und etwa einem Drittel der Tomaten mischen. Die Petersilie waschen, trockenschwenken und ohne die groben Stiele sehr fein hacken, dann unter die Gemüsemasse rühren.

6. Den Ricotta in kleine Würfel schneiden und ebenfalls unter die Gemüsemasse mengen. Die Masse mit Salz und Pfeffer pikant abschmecken. Die Sahne mit den restlichen Tomaten mischen und ebenfalls mit Salz und Pfeffer abschmecken.

7. Den Nudelteig noch einmal durchkneten, dann in Portionen teilen. Den Teig auf der leicht bemehlten Arbeitsfläche oder in der Nudelmaschine zu dünnen Platten ausrollen. Die Platten in etwa 15 cm lange und etwa 10 cm breite Stücke schneiden.

8. Die Teigplatten jeweils mit etwas Füllung belegen und zusammenrollen. Die Rollen mit der Nahtstelle nach unten nebeneinander in eine längliche feuerfeste Form geben. Die Tomatensahne darüber gießen. Den Parmesan darüber streuen.

9. Die Form auf den Rost in den Backofen (Mitte) stellen. Den Backofen auf 200° schalten und die Cannelloni etwa 45 Minuten backen, bis sie schön gebräunt sind.

10. Kurz vor Ende der Garzeit die Kresse vom Beet schneiden, kurz kalt abspülen und trockentupfen. Die Cannelloni mit der Kresse bestreut servieren.

Die beliebten Teigrollen schmecken köstlich – auch ohne Fleisch – mit Gemüse und Ricotta gefüllt.

KNUSPRIGE TEIGWAREN

KNUSPRIGE TEIGWAREN

Gratinierte Spätzle

Selbstgemachte Spätzle schmecken ausgezeichnet und sind auch ganz leicht zuzubereiten. Sie brauchen nur einen Spätzlehobel, es sei denn, Sie sind so geübt im Kochen, daß Sie die feinen Teigwaren sogar vom Brett schaben können.

Zutaten für 4–5 Personen:
200 g Weizenvollkornmehl
Salz
4 Eier
500 g grüner Spargel
200 g Champignons
1 Eßl. Zitronensaft
1 Bund Frühlingszwiebeln
1 Bund Petersilie
weißer Pfeffer, frisch gemahlen
Cayennepfeffer
100 g Sahne
150 g Mozzarella

Raffiniert

Bei 5 Personen pro Portion etwa:
1500 kJ/360 kcal
20 g Eiweiß · 18 g Fett
29 g Kohlenhydrate
7 g Ballaststoffe

• Zubereitungszeit: etwa
1 3/4 Stunden

1. Für die Spätzle das Mehl mit 1 kräftigen Prise Salz in einer Schüssel mischen. Die Eier unterrühren. Der Teig soll glatt, aber zähflüssig sein. Ist der Teig zu weich, noch etwas Mehl unterarbeiten, ist er zu fest, etwas Wasser unterrühren.

2. Den Teig zugedeckt etwa 30 Minuten quellen lassen.

3. Inzwischen reichlich Salzwasser zum Kochen bringen. Den Spargel nur am unteren Ende dünn schälen, waschen und in Stücke schneiden. Den Spargel im kochenden Salzwasser etwa 3 Minuten blanchieren. Die Spargelstücke mit einem Schaumlöffel aus der Garflüssigkeit heben, abtropfen lassen und in eine feuerste Form geben. Das Kochwasser für die Spätzle aufbewahren.

4. Die Pilze putzen und eventuell kurz kalt abspülen, dann vierteln. Die Pilze mit dem Zitronensaft mischen, damit sie sich nicht zu stark verfärben. Die Frühlingszwiebeln putzen, waschen und in feine Ringe schneiden. Die Petersilie waschen und trockenschwenken. Einen Teil der Petersilie zugedeckt beiseite legen, den Rest fein hacken.

5. Das Spargelkochwasser erneut zum Kochen bringen. Den Spätzleteig noch einmal durchrühren, dann portionsweise vom Brett schaben oder durch den Spätzlehobel in die kochende Flüssigkeit geben. Die Spätzle sind fertig, wenn sie an die Oberfläche steigen. Dann die Spätzle jeweils mit einem Schaumlöffel herausheben und kalt abschrecken.

6. Wenn alle Spätzle gegart sind, diese mit den Pilzen, den Frühlingszwiebeln und der gehackten Petersilie zum Spargel in die feuerfeste Form geben. Alles mischen und mit Salz, Pfeffer und Cayennepfeffer würzen. Die Sahne angießen.

7. Den Mozzarella abtropfen lassen, in dünne Scheiben schneiden und auf den Spätzle und den anderen Zutaten in der Form verteilen.

8. Die Form auf den Rost in den Backofen (Mitte) stellen. Den Ofen auf 220° schalten und die Spätzle etwa 30 Minuten garen, bis sie an der Oberfläche schön gebräunt sind.

9. Kurz vor Ende der Garzeit die restliche Petersilie fein hacken. Die Spätzle damit bestreut servieren. Dazu schmeckt Tomatensalat mit Schnittlauch.

Varianten:

Statt grünem Spargel schmeckt natürlich auch weißer, den Sie allerdings von oben nach unten schälen und etwa 3 Minuten länger vorgaren müssen. Oder Sie versuchen das Gericht einmal mit Erbsen, Tomaten oder Zuckerschoten. Zuckerschoten sollten Sie etwa 2 Minuten in kochendem Salzwasser blanchieren.

Ein delikates und gesundes Vergnügen sind selbstgeschabte Spätzle aus Vollkornmehl und viel frisches Gemüse im Ofen überbacken.

KNUSPRIGE TEIGWAREN

GEMÜSE, GEMÜSE...

Gefüllte Zucchini

Zucchini lassen sich leicht aushöhlen, da sie ein relativ weiches Fruchtfleisch haben. Außer einem scharfkantigen Teelöffel können Sie zum Aushöhlen auch einen Kugelausstecher verwenden.

Zutaten für 3 Personen:
3 gleich große Zucchini (etwa 600 g)
2 Tomaten (etwa 200 g)
1 Bund Frühlingszwiebeln
2 Möhren
200 g schnittfester Schafkäse
1/2 Bund frischer Thymian
1 Knoblauchzehe
2 EBl. Sonnenblumenkerne
Salz
weißer Pfeffer, frisch gemahlen
75 g Crème fraîche
30 g Parmesan, frisch gerieben
1 Bund Petersilie

Gelingt leicht

Pro Portion etwa:
2000 kJ/480 kcal
23 g Eiweiß · 35 g Fett
15 g Kohlenhydrate
8 g Ballaststoffe

- Zubereitungszeit: etwa 1 1/4 Stunden

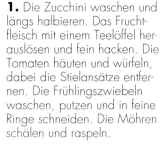

1. Die Zucchini waschen und längs halbieren. Das Fruchtfleisch mit einem Teelöffel herauslösen und fein hacken. Die Tomaten häuten und würfeln, dabei die Stielansätze entfernen. Die Frühlingszwiebeln waschen, putzen und in feine Ringe schneiden. Die Möhren schälen und raspeln.

2. Den Schafkäse in Würfel schneiden. Den Thymian waschen, trockenschwenken, die Blättchen von den Stielen streifen. Den Knoblauch durch die Presse drücken. Die Frühlingszwiebeln mit den Möhren, dem Schafkäse, dem Thymian, dem Knoblauch und den Sonnenblumenkernen mischen und mit Salz und Pfeffer würzen.

3. Das gehackte Zucchinifleisch mit den Tomaten und der Crème fraîche in einer feuerfesten Form mischen und mit Salz und Pfeffer würzen. Die Zucchini mit der Schafkäsemasse füllen und in die Form geben. Den Parmesan über die Zucchini streuen.

4. Die Zucchini in der Form auf den Rost in den Backofen (Mitte) stellen. Den Ofen auf 200° schalten und die Zucchini etwa 35 Minuten backen, bis sie bißfest sind und die Oberfläche schön gebräunt ist. Die Petersilie waschen, trockenschwenken und hacken. Die Zucchini mit der Petersilie bestreut servieren.

Gefüllte Auberginen

Bei den meisten Gemüsesorten gilt: je kleiner die Früchte, desto aromatischer schmecken sie. Deshalb sollten Sie wirklich schlanke Auberginen kaufen. Hauptsaison der Nachtschattengewächse ist Juli–Oktober. Übrigens: Das Einsalzen von Auberginen, das man früher anwandte, um die Bitterstoffe herauszulösen, ist heute nicht mehr nötig. Die Bitterstoffe wurden nämlich größtenteils herausgezüchtet.

Zutaten für 4 Personen:
2 schlanke Auberginen
4 mehligkochende Kartoffeln
2 Tomaten
1/8 l Gemüsebrühe
1 großes Bund Basilikum
200 g Gorgonzola
30 g Kürbiskerne
Salz
Cayennepfeffer
1 kräftige Prise gemahlener Kreuzkümmel
20 g Butter

Raffiniert

Pro Portion etwa:
1500 kJ/360 kcal
16 g Eiweiß · 24 g Fett
18 g Kohlenhydrate
5 g Ballaststoffe

- Zubereitungszeit: etwa 1 1/4 Stunden

1. Die Auberginen waschen und längs halbieren. Das Fruchtfleisch mit einem kleinen spitzen Messer aus den Schalen lösen und sehr klein würfeln. Die Kartoffeln schälen und ebenfalls klein würfeln. Die Tomaten häuten und würfeln, dabei die Stielansätze von den Tomaten entfernen.

2. Die Kartoffeln mit der Hälfte der Tomaten, einem Drittel des Auberginenfleisches und der Brühe in einer feuerfesten Form mischen. Das Basilikum waschen und trockenschwenken. Einen Teil davon zugedeckt beiseite stellen, das restliche Basilikum fein hacken. Den Gorgonzola fein würfeln. Die Kürbiskerne hacken.

3. Das restliche Auberginenfleisch mit den übrigen Tomaten, dem gehackten Basilikum, dem Gorgonzola und den Kürbiskernen mischen, mit Salz, Cayennepfeffer und dem Kreuzkümmel würzen und die ausgehöhlten Auberginen damit füllen. Mit der Butter in kleinen Stücken belegen und in die Form geben.

4. Die Auberginen in der Form auf den Rost in den Backofen (Mitte) stellen. Den Ofen auf 200° schalten und die Auberginen etwa 40 Minuten garen, bis die Kartoffeln weich und die Auberginen gebräunt sind. Das restliche Basilikum hacken. Die Auberginen mit dem Basilikum bestreut servieren.

GEMÜSE, GEMÜSE...

GEMÜSE, GEMÜSE...

Fenchel mit Pilzkruste

Zutaten für 3 Personen:
3 Fenchelknollen
(etwa 800 g)
1 EßI. Zitronensaft
1/8 l Gemüsebrühe
Salz
weißer Pfeffer, frisch gemahlen
je 1 Bund Petersilie, Basilikum und
Thymian
200 g Champignons
100 g Bergkäse, frisch gerieben
5 EßI. Sahne
10 g Butter

Preiswert

Pro Portion etwa:
1700 kJ/400 kcal
22 g Eiweiß ·25 g Fett
24 g Kohlenhydrate
13 g Ballaststoffe

• Zubereitungszeit: etwa
  1 1/4 Stunden

1. Von den Fenchelknollen das zarte Grün abschneiden und beiseite stellen. Den Fenchel waschen, halbieren, vom Strunk befreien und quer zu den Fasern in feine Streifen schneiden. Mit dem Zitronensaft und der Gemüsebrühe in einer feuerfesten Form mischen und mit Salz und Pfeffer abschmecken.

2. Die Kräuter waschen. Die Petersilie und das Basilikum fein hacken, den Thymian von den Stielen streifen. Die Pilze putzen, dann sehr fein hacken.

3. Die Kräuter, die Pilze, den Käse und die Sahne zu einer

Paste verrühren und mit wenig Salz und reichlich Pfeffer abschmecken. Die Pilzmasse auf dem Fenchel verteilen und mit der Butter in kleinen Stücken belegen.

4. Die Form auf den Rost in den Backofen (Mitte) stellen. Den Ofen auf 200° schalten und den Fenchel etwa 40 Minuten garen, bis er bißfest und schön gebräunt ist.

5. Kurz vor Ende der Garzeit das Fenchelgrün kalt abspülen, trockentupfen und fein hacken. Das Gratin damit bestreut servieren.

Lauchgratin mit Tomatenhaube

Zutaten für 4 Personen:
4 mitteldicke Stangen Lauch
1 Bund Petersilie
100 g Sahne
Salz
weißer Pfeffer, frisch gemahlen
Cayennepfeffer
600 g Tomaten
3 Eier
80 g altbackenes Vollkornbrot, fein
gerieben
80 g Parmesan, frisch gerieben
1 Bund Schnittlauch

Raffiniert

Pro Portion etwa:
1500 kJ/360 kcal
21 g Eiweiß · 20 g Fett
22 g Kohlenhydrate
9 g Ballaststoffe

• Zubereitungszeit: etwa
  1 1/2 Stunden

1. Den Lauch putzen, waschen und mit den hellgrünen Teilen in feine Ringe schneiden. Die Petersilie waschen und fein hacken.

2. Den Lauch mit der Petersilie und der Sahne in einer feuerfesten Form mischen und mit Salz, Pfeffer und Cayennepfeffer pikant abschmecken.

3. Die Tomaten häuten und sehr fein würfeln, dabei die Stielansätze entfernen. Die Eier trennen.

4. Die Eigelbe mit den Tomaten, dem Brot und dem Käse verrühren und mit Salz und Pfeffer würzen. Die Eiweiße mit 1 Prise Salz steif schlagen und vorsichtig unterheben.

5. Die Tomatenmasse gleichmäßig auf dem Lauch verteilen.

6. Die Form auf den Rost in den Backofen (unten) stellen. Den Ofen auf 200° schalten und das Gratin etwa 45 Minuten garen, bis die Oberfläche schön gebräunt ist.

7. Kurz vor Ende der Garzeit den Schnittlauch in feine Röllchen schneiden. Das Gratin damit bestreut servieren.

Im Bild oben:
Fenchel mit Pilzkruste
Im Bild unten:
Lauchgratin mit Tomatenhaube

GEMÜSE, GEMÜSE...

GEMÜSE, GEMÜSE...

Tomatengratin mit Brot

Zutaten für 3–4 Personen:
750 g Fleischtomaten
8 Scheiben Vollkornbrot
300 g Mozzarella
Salz
weißer Pfeffer, frisch gemahlen
je 1 Teel. getrockneter Thymian und
Rosmarin
4 Eßl. Olivenöl
1 Bund Basilikum

Gelingt leicht

Bei 4 Personen pro Portion etwa:
3000 kJ/710 kcal
29 g Eiweiß · 35 g Fett
68 g Kohlenhydrate
14 g Ballaststoffe

• Zubereitungszeit: etwa
  50 Minuten

1. Die Tomaten waschen, abtrocknen und in dünne Scheiben schneiden, dabei die Stielansätze herausschneiden. Die Brotscheiben halbieren. Den Mozzarella in feine Scheiben schneiden.

2. Die Tomaten, das Brot und den Mozzarella lagenweise dachziegelartig in eine feuerfeste Form schichten. Dabei mit Salz und Pfeffer würzen. Die Kräuter zerrebeln und darüber streuen. Das Öl darüber träufeln.

3. Die Form auf den Rost in den Backofen (Mitte) stellen. Den Ofen auf 220° schalten und das Gratin etwa 30 Minuten backen, bis der Käse zerlaufen und gebräunt ist.

4. Kurz vor Ende der Garzeit das Basilikum waschen, trockenschwenken und fein hacken. Das Gratin mit dem Basilikum bestreut servieren.

Gefüllte Pilze mit Mangold

Zutaten für 2–3 Personen:
600 g größere Champignons
2 Eßl. Zitronensaft
1 Schalotte
1 Knoblauchzehe
50 g schwarze Oliven
250 g Mangold
1 Bund Petersilie
150 g Mozzarella
Salz
weißer Pfeffer, frisch gemahlen
Cayennepfeffer
20 g Butter

Gelingt leicht

Bei 3 Personen pro Portion etwa:
1300 kJ/310 kcal
19 g Eiweiß · 21 g Fett
8 g Kohlenhydrate
7 g Ballaststoffe

• Zubereitungszeit: etwa 1 Stunde

1. Die Pilze putzen, eventuell kurz kalt abspülen und trockentupfen. Die Stiele herausschneiden und fein hacken. Die Pilze mit dem Zitronensaft beträufeln, damit sie sich nicht zu stark verfärben.

2. Die Schalotte und den Knoblauch fein hacken. Die Oliven entsteinen und in kleine Würfel schneiden. Den Mangold waschen und trockentupfen. Die Blätter abschneiden und fein hacken, die Stiele in feine Streifen schneiden. Die Petersilie waschen, trockenschwenken und ohne die groben Stiele fein hacken. Den Mozzarella abtropfen lassen und sehr klein würfeln.

3. Die gehackten Pilzstiele mit der Schalotte, dem Knoblauch, den Oliven, dem Mangold, der Petersilie und dem Mozzarella mischen und mit Salz, Pfeffer und 1 kräftigen Prise Cayennepfeffer pikant abschmecken.

4. Die Pilze mit der Mangoldmasse füllen und in eine feuerfeste Form geben. Eventuell übrig gebliebene Füllung neben den Pilzen verteilen. Die Butter in kleine Stücke schneiden und auf den Pilzen verteilen.

5. Die Form auf den Rost in den Backofen (Mitte) stellen. Den Ofen auf 200° schalten und die Pilze etwa 30 Minuten garen, bis sie an der Oberfläche schön gebräunt sind. Dazu schmecken gemischter Salat und Vollkornbaguette.

Bild oben:
Tomatengratin mit Brot
Bild unten:
Gefüllte Pilze mit Mangold

GEMÜSE, GEMÜSE...

GEMÜSE, GEMÜSE...

Buntes Gemüsegratin

Zutaten für 3–4 Personen:

1 Kohlrabi

1 Stange Lauch

150 g junge Möhren

150 g kleine Zucchini

1 rote Paprikaschote

1 weiße Zwiebel

1 Bund frischer Thymian

Salz

weißer Pfeffer, frisch gemahlen

gemahlener Koriander

200 g Crème fraîche

Saft von 1/2 Zitrone

10 g Butter

1/2 Bund Petersilie

Gelingt leicht

Bei 4 Personen pro Portion etwa:
1300 kJ/310 kcal
7 g Eiweiß · 23 g Fett
17 g Kohlenhydrate
7 g Ballaststoffe

• Zubereitungszeit: etwa
  1 1/2 Stunden

1. Die Gemüsesorten schälen oder waschen, putzen und fein zerkleinern. Die Zwiebel hakken. Den Thymian waschen und die Blättchen von den Stielen streifen.

2. Alle diese vorbereiteten Zutaten in eine feuerfeste Form schichten. Dabei jede Schicht mit Salz, Pfeffer und Koriander würzen.

3. Die Crème fraîche mit dem Zitronensaft verrühren und über die Zutaten in der Form gießen. Die Butter in Flöckchen darauf verteilen.

4. Die Form auf den Rost in den Backofen (Mitte) stellen. Den Ofen auf 200° schalten und das Gratin etwa 40 Minuten garen.

5. Die Petersilie waschen und fein hacken. Das Gratin damit bestreut servieren.

Gemüseauflauf mit Quark

Zutaten für 3 Personen:

1 Bund Frühlingszwiebeln

2 Stangensellerie

1 Fenchelknolle

1 Bund Petersilie

1 Handvoll frischer Kerbel

1 Knoblauchzehe

150 g ausgepalte Erbsen, frisch oder tiefgefroren

50 g Kürbiskerne, fein gehackt

Salz

weißer Pfeffer, frisch gemahlen

Muskatnuß, frisch gerieben

4 Eier

250 g Magerquark

1 Eßl. Zitronensaft

75 g Parmesan, frisch gerieben

1 Tomate

Raffiniert

Pro Portion etwa:
2000 kJ/480 kcal
43 g Eiweiß · 25 g Fett
22 g Kohlenhydrate
12 g Ballaststoffe

• Zubereitungszeit: etwa
  1 1/2 Stunden

1. Die Frühlingszwiebeln putzen, waschen und in Ringe schneiden. Den Sellerie putzen, waschen und in feine Scheiben schneiden. Von der Fenchelknolle das Fenchelgrün abschneiden und beiseite legen. Den Fenchel putzen, waschen und ohne den Strunk in Streifen schneiden.

2. Die Kräuter waschen und fein hacken. Den Knoblauch durchpressen.

3. Das vorbereitete Gemüse mit den Erbsen, den Kräutern, dem Knoblauch und den Kürbiskernen mischen und mit Salz, Pfeffer und Muskat abschmecken.

4. Die Eier trennen. Die Eigelbe mit dem Quark, dem Zitronensaft und dem Käse verrühren. Die Quarkmasse mit der Gemüsemischung vermengen. Die Eiweiße steif schlagen und unterheben.

5. Die Masse in eine feuerfeste Form füllen. Die Form auf den Rost in den Backofen (Mitte) stellen. Den Ofen auf 200° schalten und den Auflauf etwa 45 Minuten backen, bis die Quarkmasse fest und schön gebräunt ist.

6. Die Tomate waschen und fein würfeln, dabei den Stielansatz entfernen. Das Fenchelgrün waschen und hacken. Den Auflauf mit der Tomate und dem Fenchelgrün bestreut servieren.

Im Bild oben: Buntes Gemüsegratin
Im Bild unten:
Gemüseauflauf mit Quark

GEMÜSE, GEMÜSE...

GEMÜSE, GEMÜSE...

Selleriesoufflé mit Kräutersauce

Falls Sie das Soufflé in ein Menü einbauen möchten, reicht die Menge auch für 8 Personen. Lassen Sie in diesem Fall die Beilage weg.

Zutaten für 4 Personen:
Für das Soufflé:
400 g Stangensellerie
1 Bund Petersilie
Salz
schwarzer Pfeffer, frisch gemahlen
1 Prise gemahlener Koriander
30 g Weizenvollkornmehl
1/4 l Milch
3 Eier
50 g Parmesan, frisch gerieben
Für die Form: etwas Butter
Für die Sauce:
je 1 Bund Dill, Petersilie und Schnittlauch
je 1/2 Bund Zitronenmelisse und Majoran
1 Knoblauchzehe
1/2 frische grüne Pfefferschote
1/2 Eßl. scharfer Senf
100 ccm Olivenöl, kaltgepreßt
100 ccm Gemüsebrühe
Salz
weißer Pfeffer, frisch gemahlen

Raffiniert

Pro Portion etwa:
1900 kJ/450 kcal
17 g Eiweiß · 36 g Fett
14 g Kohlenhydrate
8 g Ballaststoffe

• Zubereitungszeit: etwa 1 1/2 Stunden

1. Den Sellerie waschen, von den harten Fasern befreien und in hauchdünne Streifen schneiden. Die Petersilie waschen, trockenschwenken und ohne die groben Stiele sehr fein hacken. Den Sellerie mit der Petersilie mischen und mit Salz, Pfeffer und dem Koriander abschmecken.

2. Das Vollkornmehl in einen Topf geben und bei mittlerer Hitze unter Rühren anrösten, bis es würzig duftet. Die Milch unter ständigem Weiterrühren angießen.

3. Die Sauce bei schwacher Hitze etwa 10 Minuten köcheln lassen, bis sie dickflüssig ist. Dann mit Salz und Pfeffer abschmecken. Eine hohe Souffléform nur am Boden mit etwas Butter ausstreichen.

4. Die Eier trennen. Die Eigelbe mit dem Käse unter die etwas abgekühlte Mehlsauce mischen. Diese Mischung mit der Selleriemischung vermengen. Die Eiweiße mit 1 Prise Salz steif schlagen und vorsichtig unterheben. Die Masse in die vorbereitete Form füllen.

5. Das Soufflé in der Form auf den Rost in den Backofen (Mitte) stellen. Den Ofen auf 200° schalten und das Soufflé etwa 40 Minuten garen, bis es schön aufgegangen und gebräunt ist. Dabei während der ersten Hälfte der Backzeit die Backofentüre keinesfalls öffnen, sonst fällt das Soufflé wieder zusammen.

Tip!

Für Soufflés sollten Sie die Form wirklich nur am Boden fetten. Wenn auch am Rand Butter wäre, würde die Soufflémasse durch die schmelzende Butter am Rand abrutschen und nicht so schön aufgehen.

6. Inzwischen für die Sauce die Kräuter waschen und trockentupfen. Die Kräuter von den groben Stielen befreien und sehr fein hacken. Den Knoblauch ebenfalls sehr fein hacken. Die Pfefferschotenhälfte vom Stielansatz und allen Kernen befreien, waschen und in feine Streifen schneiden.

Varianten:
Statt Sellerie können Sie für dieses Soufflé auch Fenchel, ebenfalls sehr fein geschnitten, geraspelte rote Beten, Kartoffeln und Zucchini oder auch fein gewürfelte Paprikaschoten verwenden. Statt einer Kräutersauce schmeckt auch eine kalte Tomatensauce aus feingewürfelten Tomaten, feingehackter weißer Zwiebel und reichlich Kräutern.

7. Die Kräuter mit dem Knoblauch, der Pfefferschote, dem Senf, dem Öl und der Gemüsebrühe gründlich verrühren. Die Sauce mit Salz und Pfeffer abschmecken und bis zum Servieren zugedeckt beiseite stellen.

8. Das Soufflé aus dem Ofen nehmen und auf Portionsteller verteilen. Die Sauce getrennt dazu servieren. Dazu passen Kartoffeln oder Brot.

GEMÜSE, GEMÜSE...

GEMÜSE, GEMÜSE...

Gratinierte Pilz-Brot-Klößchen

Zutaten für 2–3 Personen:

300 g Champignons

1 Knoblauchzehe

1/2 Bund frischer Thymian

1 Ei

1 Eigelb

100 g altbackenes Vollkornbrot, frisch gerieben

30 g Parmesan, frisch gerieben

Salz

weißer Pfeffer, frisch gemahlen

Muskatnuß, frisch gerieben

2 dünne Stangen Lauch

100 g Crème fraîche

2 Eßl. Zitronensaft

100 g Roquefort

1 Bund Schnittlauch

Raffiniert

Bei 3 Personen pro Portion etwa:
1800 kJ/430 kcal
21 g Eiweiß · 30 g Fett
20 g Kohlenhydrate
7 g Ballaststoffe

- Zubereitungszeit: etwa
  1 1/4 Stunden

1. Die Pilze putzen und sehr klein würfeln. Den Knoblauch durch die Presse drücken. Den Thymian waschen, trockenschwenken und die Blättchen von den Stielen streifen.

2. Die Pilze mit dem Knoblauch, dem Thymian, dem Ei, dem Eigelb, dem Brot und dem Käse verkneten und mit Salz, Pfeffer und Muskat würzen. Aus der Masse etwa walnußgroße Bällchen formen.

3. Den Lauch putzen, gründlich waschen und mit dem zarten Grün in feine Ringe schneiden.

4. Den Lauch mit der Crème fraîche und dem Zitronensaft in einer feuerfesten Form mischen und mit Salz und Pfeffer abschmecken. Die Pilzklößchen auf den Lauch legen.

5. Den Roquefort entrinden, in feine Scheiben schneiden und auf den Klößchen verteilen.

6. Die Form auf den Rost in den Backofen (Mitte) stellen. Den Ofen auf 220° schalten und die Klößchen etwa 30 Minuten garen, bis sie schön gebräunt sind.

7. Kurz vor Ende der Garzeit den Schnittlauch in feine Röllchen schneiden. Die Klößchen damit bestreut servieren. Dazu schmecken Pellkartoffeln.

Gratinierter Blumenkohl

Zutaten für 3 Personen:

Salz

1 Blumenkohl (etwa 800 g)

2 Knoblauchzehen

2 Bund Basilikum

1 Bund frischer Thymian

50 g Olivenöl, kaltgepreßt

75 g Parmesan, frisch gerieben

Salz

weißer Pfeffer, frisch gemahlen

400 g Tomaten

75 g Sonnenblumenkerne

Gelingt leicht

Pro Portion etwa:
2100 kJ/500 kcal
25 g Eiweiß · 36 g Fett
18 g Kohlenhydrate
13 g Ballaststoffe

- Zubereitungszeit: etwa
  1 1/4 Stunden

1. Salzwasser zum Kochen bringen. Den Blumenkohl waschen und in Röschen teilen. Den Blumenkohl im sprudelnd kochendem Wasser etwa 3 Minuten blanchieren, kalt abschrecken und abtropfen lassen.

2. Den Knoblauch durch die Presse drücken. Das Basilikum fein hacken, die Thymianblättchen von den Stielen streifen. Die Kräuter mit dem Öl, dem Knoblauch und dem Parmesan verrühren und mit wenig Salz und reichlich Pfeffer abschmecken.

3. Die Tomaten häuten und würfeln.

4. Eine feuerfeste Form lagenweise mit Blumenkohl und Tomaten auslegen. Dabei jeweils etwas Kräuterpaste darauf verteilen und die Tomaten salzen und pfeffern. Die Sonnenblumenkerne darüber verteilen.

5. Die Form auf den Rost in den Ofen (Mitte) stellen. Den Backofen auf 180° schalten und das Gratin etwa 45 Minuten garen, bis der Blumenkohl bißfest ist.

Im Bild oben:
Gratinierte Pilz-Brot-Klößchen
Im Bild unten:
Gratinierter Blumenkohl

GEMÜSE, GEMÜSE...

KARTOFFELN ÜBERBACKEN

Kartoffeln mit Getreideschrot

Statt mit Dinkel schmeckt die Kruste auf den Kartoffeln auch mit Grünkern, Weizen oder Roggen.

Zutaten für 3 Personen:
75 g Dinkel, grob geschrotet
etwa 150 ccm Gemüsebrühe
1 kg mehligkochende Kartoffeln
Salz
weißer Pfeffer, frisch gemahlen
200 g Sahne
1 Bund Frühlingszwiebeln
1 Bund frischer Thymian
75 g Bergkäse, frisch gerieben
1 Bund Schnittlauch

Preiswert

Pro Portion etwa:
2700 kJ/640 kcal
20 g Eiweiß · 30 g Fett
74 g Kohlenhydrate
13 g Ballaststoffe

• Zubereitungszeit: etwa
1 1/4 Stunden

1. Den Dinkelschrot mit der Gemüsebrühe in einen Topf geben und einmal aufkochen. Den Schrot dann auf der abgeschalteten Kochstelle etwa 20 Minuten quellen lassen.

2. Inzwischen die Kartoffeln waschen, schälen und mit dem Gurkenhobel in feine Scheiben teilen.

3. Die Kartoffeln dachziegelartig in eine feuerfeste Form schichten. Dabei jede Schicht mit Salz und Pfeffer würzen. Die Sahne seitlich angießen.

4. Die Frühlingszwiebeln putzen, waschen und mit dem zarten Grün in feine Ringe schneiden. Den Thymian waschen, trockenschwenken und die Blättchen von den Stielen streifen.

5. Die Dinkelmasse mit den Frühlingszwiebeln, dem Thymian und dem Käse mischen und mit wenig Salz und reichlich Pfeffer abschmecken. Die Getreidemasse gleichmäßig auf den Kartoffeln verteilen.

6. Die Form auf den Rost in den Backofen (Mitte) stellen. Den Ofen auf 200° schalten und das Gratin etwa 45 Minuten garen, bis die Kartoffeln weich sind und die Oberfläche des Gratins schön gebräunt ist.

7. Kurz vor Ende der Garzeit den Schnittlauch waschen und in feine Röllchen schneiden. Das Gratin mit dem Schnittlauch bestreut servieren. Dazu schmeckt Salat.

Gebackene neue Kartoffeln

Zutaten für 3 Personen:
1 kg neue, möglichst kleine Kartoffeln
Salz
weißer Pfeffer, frisch gemahlen
3 Zweige frischer Rosmarin
50 g Haselnußkerne
100 g Emmentaler, frisch gerieben
20 g Butter

Preiswert

Pro Portion etwa:
2200 kJ/520 kcal
18 g Eiweiß · 26 g Fett
53 g Kohlenhydrate
10 g Ballaststoffe

• Zubereitungszeit: etwa
1 Stunde 20 Minuten

1. Die Kartoffeln unter fließendem Wasser gründlich abbürsten. Dann ungeschält längs halbieren und mit den Schnittflächen nach oben nebeneinander in eine größere feuerfeste Form geben. Mit Salz und Pfeffer würzen.

2. Den Rosmarin waschen und trockenschwenken. Die Nadeln von den Stielen streifen und fein zerkleinern. Die Haselnüsse ebenfalls fein zerkleinern.

3. Den Käse mit dem Rosmarin und den Nüssen mischen und auf den Kartoffeln verteilen. Die Butter in kleine Stücke schneiden und darauf geben.

4. Die Form auf den Rost in den Backofen (Mitte) stellen. Den Ofen auf 180° schalten und die Kartoffeln etwa 1 Stunde backen, bis sie weich und gebräunt sind. Dazu schmeckt gedünstetes Gemüse, zum Beispiel Blattspinat, oder Salat.

Im Bild oben:
Gebackene neue Kartoffeln
Im Bild unten:
Kartoffeln mit Getreideschrot

KARTOFFELN ÜBERBACKEN

KARTOFFELN ÜBERBACKEN

Kartoffel-Musaka

Zutaten für 6 Personen:
2 schlanke Auberginen
500 g Tomaten
1 Bund Frühlingszwiebeln
1 Kohlrabi
2 Knoblauchzehen
je 1 Bund Zitronenmelisse und
Petersilie
etwa 3 Eßl. Olivenöl, kaltgepreßt
Salz
weißer Pfeffer, frisch gemahlen
Cayennepfeffer
40 g Dinkel, fein gemahlen
etwa 1/2 l Milch
125 g Sahne
150 g Emmentaler, frisch gerieben
Muskatnuß, frisch gerieben
1 kg mehligkochende Kartoffeln
10 g Butter
2 Bund Basilikum
1 Stück unbehandelte Zitronenschale
(etwa 3 cm lang)

Braucht etwas Zeit

Pro Portion etwa:
2100 kJ / 500 kcal
19 g Eiweiß · 26 g Fett
46 g Kohlenhydrate
10 g Ballaststoffe

● Zubereitungszeit: etwa
2 1/4 Stunden

1. Die Auberginen waschen, putzen und längs in etwa 1 cm dicke Scheiben schneiden. Die Tomaten mit kochendem Wasser überbrühen, kurz darin ziehen lassen, kalt abschrecken und häuten. Die Tomaten klein würfeln, dabei die Stielansätze herausschneiden. Die Frühlingszwiebeln putzen, waschen und

mit dem zarten Grün in feine Ringe schneiden. Den Kohlrabi schälen und mit dem Gurkenhobel in Scheiben teilen. Die Scheiben noch einmal quer durchschneiden. Die Knoblauchzehen fein hacken. Die Kräuter waschen, trockenschwenken und fein hacken.

2. Die Hälfte des Öls in einer großen Pfanne erhitzen. Die Auberginenscheiben darin portionsweise bei mittlerer bis schwacher Hitze braten, bis sie gebräunt sind. Die gebratenen Scheiben jeweils aus der Pfanne nehmen und auf einem Teller beiseite legen. Beim Braten nach und nach das restliche Öl dazugeben.

3. Den Knoblauch ins verbliebene Bratfett geben und glasig dünsten. Die Tomaten hinzufügen und bei starker Hitze unter ständigem Rühren garen, bis die Flüssigkeit verdampft ist.

4. Die Pfanne vom Herd nehmen. Die Kräuter unter die Tomaten mischen und alles mit Salz, Pfeffer und Cayennepfeffer abschmecken.

5. Das Dinkelmehl in einen Topf geben und bei mittlerer Hitze unter Rühren rösten, bis es würzig duftet. Die Milch unter ständigem Rühren langsam hinzugießen. Die Sauce bei schwacher Hitze etwa 10 Minuten köcheln lassen, dabei immer wieder durchrühren.

6. Den Topf vom Herd nehmen. Die Sahne und den Käse unter die Mehlsauce mischen.

Die Sauce mit Salz und Muskat abschmecken.

7. Die Kartoffeln waschen, schälen und in dünne Scheiben hobeln.

8. Eine große, feuerfeste Form lagenweise mit den Kartoffelscheiben, den Auberginen, dem Kohlrabi, den Tomaten und den Frühlingszwiebeln füllen. Dabei mit Kartoffeln beginnen und abschließen und jede Schicht mit etwas Sauce begießen.

9. Die restliche Sauce über die Musaka gießen. Die Butter in kleinen Stücken auf der Oberfläche verteilen.

10. Die Form auf den Rost in den Backofen (unten) stellen. Den Ofen auf 200° schalten und die Musaka etwa 50 Minuten backen, bis das Gemüse bißfest und die Oberfläche gebräunt ist.

11. Kurz vor Ende der Garzeit das Basilikum waschen, trockenschwenken und fein hacken. Die Zitronenschale fein zerkleinern. Die Musaka mit dem Basilikum und der Zitronenschale bestreut servieren.

Das berühmte griechische Gericht schmeckt auch in dieser Variation einfach fantastisch.

KARTOFFELN ÜBERBACKEN

KARTOFFELN ÜBERBACKEN

Kartoffel-Pilz-Gratin

Kartoffelgratin schmeckt mit den verschiedensten Zutaten gut. So können Sie statt der Pilze in feine Scheiben geschnittenen Rosenkohl, Tomatenwürfel oder Stangensellerie – in feinen Stücken – verwenden, um nur einige Möglichkeiten zu nennen.

Zutaten für 3 Personen:
300 g Champignons oder Egerlinge
1 Eßl. Zitronensaft
500 g mehligkochende Kartoffeln
Salz
weißer Pfeffer, frisch gemahlen
Muskatnuß, frisch gerieben
200 g Sahne
150 g Mozzarella
1 Bund Petersilie

Preiswert

Pro Portion etwa:
2000 kJ/480 kcal
18 g Eiweiß · 30 g Fett
30 g Kohlenhydrate
7 g Ballaststoffe

- Zubereitungszeit: etwa
  1 Stunde 10 Minuten

1. Die Pilze putzen und eventuell kurz kalt abspülen, dann in Scheiben schneiden. Die Pilze mit dem Zitronensaft mischen, damit sie sich nicht zu stark verfärben.

2. Die Kartoffeln schälen, waschen und mit dem Gurkenhobel in feine Scheiben teilen.

3. Die Kartoffeln und die Pilze lagenweise dachziegelartig in eine feuerfeste Form schichten. Dabei jede Schicht mit Salz, Pfeffer und Muskat würzen. Die Sahne seitlich angießen. Den Mozzarella abtropfen lassen, in dünne Scheiben schneiden und auf dem Gratin verteilen.

4. Die Form auf den Rost in den Backofen (Mitte) stellen. Den Ofen auf 200° schalten und das Gratin etwa 40 Minuten backen, bis die Kartoffeln bißfest sind und die Oberfläche schön gebräunt ist.

5. Kurz vor Ende der Garzeit die Petersilie waschen, trockenschwenken und fein hacken. Das Gratin mit der Petersilie bestreut servieren.

Kartoffelgratin mit Apfelkruste

Zutaten für 2 Personen:
1 mittelgroße Stange Lauch
500 g mehligkochende Kartoffeln
Salz
weißer Pfeffer, frisch gemahlen
100 g Sahne
1/2 Bund frischer Majoran
1 säuerlicher Apfel
80 g Bergkäse, frisch gerieben
20 g Sonnenblumenkerne
10 g Butter

Raffiniert

Pro Portion etwa:
2900 kJ/690 kcal
23 g Eiweiß · 38 g Fett
61 g Kohlenhydrate
12 g Ballaststoffe

- Zubereitungszeit: etwa
  1 Stunde 10 Minuten

1. Den Lauch putzen, waschen und mit dem zarten Grün in feine Ringe schneiden. Die Kartoffeln waschen, schälen und mit dem Gurkenhobel in feine Scheiben teilen.

2. Den Lauch und die Kartoffeln in eine feuerfeste Form schichten, jeweils mit Salz und Pfeffer würzen. Die Sahne seitlich angießen.

3. Den Majoran waschen, trockenschwenken und die Blättchen fein hacken. Den Apfel schälen, vom Kerngehäuse befreien und fein würfeln. Den Majoran, den Apfel, den Käse und die Sonnenblumenkerne mischen und mit Pfeffer abschmecken.

4. Die Apfelmasse auf dem Gratin verteilen und mit der Butter in Flöckchen belegen.

5. Die Form auf den Rost in den Backofen (Mitte) stellen. Den Ofen auf 200° schalten und das Gratin etwa 40 Minuten garen, bis die Kartoffeln bißfest sind und die Oberfläche schön gebräunt ist.

Im Bild oben:
Kartoffel-Pilz-Gratin
Im Bild unten:
Kartoffelgratin mit Apfelkruste

KARTOFFELN ÜBERBACKEN

KARTOFFELN ÜBERBACKEN

Kartoffel-Rosenkohl-Auflauf

Zutaten für 4 Personen:
700 g Rosenkohl
2 rote Zwiebeln
1 Bund Petersilie
600 g mehligkochende Kartoffeln
3 Eier
100 g Emmentaler, frisch gerieben
200 g Sahne
Salz
weißer Pfeffer, frisch gemahlen
Muskatnuß, frisch gerieben
1 Bund Schnittlauch
1 Eßl. Meerrettich, frisch gerieben

Preiswert

Pro Portion etwa:
2300 kJ/550 kcal
28 g Eiweiß · 29 g Fett
40 g Kohlenhydrate
16 g Ballaststoffe

• Zubereitungszeit: etwa
  1 1/2 Stunden

1. Den Rosenkohl putzen, waschen und in dünne Scheiben schneiden. Die Zwiebeln fein hacken. Die Petersilie waschen und fein hacken. Die Kartoffeln waschen, schälen und in sehr kleine Würfel schneiden.

2. Den Rosenkohl mit den Zwiebeln, der Petersilie und den Kartoffeln mischen.

3. Die Eier trennen. Die Eigelbe mit dem Käse und der Sahne verrühren und mit Salz, Pfeffer und Muskat abschmecken. Die Eigelbsahne unter die Rosenkohlmasse mischen.

4. Die Eiweiße mit 1 Prise Salz zu steifem Schnee schlagen und vorsichtig untermischen. Die Masse in eine große, flache und feuerfeste Form füllen.

5. Die Form auf den Rost in den Backofen (Mitte) stellen. Den Ofen auf 200° schalten und den Auflauf etwa 50 Minuten garen, bis die Kartoffeln weich sind.

6. Den Schnittlauch in feine Röllchen schneiden, mit dem Meerrettich mischen. Den Auflauf damit bestreut servieren.

Kartoffel-Tomaten-Auflauf

Zutaten für 4 Personen:
500 g Tomaten
1 große weiße Zwiebel
1 Knoblauchzehe
4 Zweige frischer Rosmarin
1 Bund Petersilie
150 g schnittfester Schafkäse
600 g mehligkochende Kartoffeln
3 Eier
75 g Parmesan, frisch gerieben
150 g Crème fraîche
Salz
weißer Pfeffer, frisch gemahlen
Cayennepfeffer

Gelingt leicht

Pro Portion etwa:
2200 kJ/520 kcal
24 g Eiweiß · 33 g Fett
34 g Kohlenhydrate
9 g Ballaststoffe

• Zubereitungszeit: etwa
  1 1/2 Stunden

1. Die Tomaten häuten und klein würfeln. Die Zwiebel quer halbieren und in Ringe schneiden. Den Knoblauch hacken. Den Rosmarin waschen und die Nadeln grob zerkleinern. Die Petersilie waschen und fein hacken. Den Schafkäse würfeln. Die Kartoffeln waschen, schälen und in sehr kleine Würfel schneiden.

2. Die Tomaten mit der Zwiebel, dem Knoblauch, dem Rosmarin, der Petersilie, dem Schafkäse und den Kartoffeln mischen.

3. Die Eier trennen. Die Eigelbe mit dem Käse und der Crème fraîche verrühren und mit Salz, Pfeffer und Cayennepfeffer pikant abschmecken. Die Eigelbcreme unter die Tomaten-Kartoffel-Masse mischen.

4. Die Eiweiße mit 1 Prise Salz zu steifem Schnee schlagen und vorsichtig unterheben. Die Masse in eine große, flache und feuerfeste Form füllen.

5. Die Form auf den Rost in den Backofen (Mitte) stellen. Den Ofen auf 200° schalten und den Auflauf etwa 50 Minuten garen, bis die Kartoffeln weich sind.

Im Bild oben:
Kartoffel-Rosenkohl-Auflauf
Im Bild unten:
Kartoffel-Tomaten-Auflauf

KARTOFFELN ÜBERBACKEN

GETREIDE UND HÜLSENFRÜCHTE

Kichererbsen-Blumenkohl-Gratin

Kichererbsen harmonieren mit der fein-würzigen Currymischung besonders gut. Wenn Sie nicht all die verschiedenen Gewürze zu Hause haben und sich auch nicht anschaffen möchten, können Sie fertig gemischtes Currypulver verwenden. Entscheiden Sie sich dann aber besser für eine teure Sorte, denn billiges Currypulver schmeckt nicht.

Zutaten für 4 Personen:
200 g Kichererbsen
Salz
1 Blumenkohl (etwa 700 g)
je 1 gehäufter Teel. Gelbwurz (Kurkuma), gemahlener Kreuzkümmel und zerriebene Safranfäden
je 1 kräftige Prise gemahlener Koriander, geriebene Muskatnuß und Zimtpulver
1/2 Teel. Cayennepfeffer
150 ccm Gemüsebrühe
150 g Sahne
1 Bund Petersilie

**Raffiniert
Braucht etwas Zeit**

Pro Portion etwa:
1300 kJ/310 kcal
16 g Eiweiß · 14 g Fett
32 g Kohlenhydrate
10 g Ballaststoffe

- Quellzeit: etwa 12 Stunden
- Zubereitungszeit: etwa 2 1/2 Stunden

1. Die Kichererbsen in einen Topf geben, mit Wasser bedecken und etwa 12 Stunden oder über Nacht quellen lassen.

2. Die Kichererbsen dann in dem Einweichwasser zum Kochen bringen und zugedeckt bei schwacher Hitze in etwa 1 1/2 Stunden weich garen. Dabei gegebenenfalls noch etwas Wasser nachgießen.

3. In einem Topf Salzwasser zum Kochen bringen. Den Blumenkohl von den Blättern befreien und waschen. Dann in die einzelnen Röschen teilen.

4. Den Blumenkohl im kochenden Wasser etwa 2 Minuten blanchieren, dann in einem Sieb kalt abschrecken und abtropfen lassen.

5. Die Kichererbsen gegebenenfalls abtropfen lassen, dann mit dem Blumenkohl mischen und in eine feuerfeste Form geben.

6. Alle Gewürze gründlich mit der Gemüsebrühe und der Sahne verquirlen. Die Currysauce über die Kichererbsen und den Blumenkohl gießen.

7. Die Form auf den Rost in den Backofen (Mitte) stellen. Den Ofen auf 200° schalten und das Gratin etwa 40 Minuten garen, bis der Blumenkohl bißfest und die Oberfläche leicht gebräunt ist.

8. Kurz vor Ende der Garzeit die Petersilie waschen, trockenschwenken und ohne die groben Stiele fein hacken.

9. Das Gratin mit der Petersilie bestreut servieren. Dazu schmecken Pellkartoffeln.

Varianten:
Statt Kichererbsen schmecken auch Azukibohnen oder schwarze Bohnen sehr gut. Die Quell- und Garzeit bleiben gleich. Den Blumenkohl können Sie durch Broccoli, Auberginen oder Fenchel ersetzen.

Kichererbsen werden oft in der arabischen und türkischen Küche verwendet – auch in diesem Gratin steckt ein Hauch von Orient.

GETREIDE UND HÜLSENFRÜCHTE

Polentagratin

Polenta, die beliebte italienische Beilage, schmeckt – wie dieses Gericht beweist – mit wenigen anderen Zutaten auch als komplette Mahlzeit.

Zutaten für 4 Personen:
knapp 3/4 l Wasser
Salz
150 g Maisgrieß (Polenta)
600 g Tomaten
1 mittelgroße Fenchelknolle
1 Stange Lauch
2 Möhren
1 Stück Knollensellerie (etwa 100 g)
2 Zwiebeln
1 Knoblauchzehe
1 EßI. Olivenöl, kaltgepreßt
1 Bund Petersilie
1/2 Bund frischer Thymian
weißer Pfeffer, frisch gemahlen
Cayennepfeffer
100 g Emmentaler, frisch gerieben
20 g Butter

Braucht etwas Zeit

Pro Portion etwa:
1700 kJ/400 kcal
17 g Eiweiß · 17 g Fett
46 g Kohlenhydrate
11 g Ballaststoffe

- Zubereitungszeit: etwa 2 Stunden

1. Das Wasser mit etwa 1/2 Teelöffel Salz aufkochen. Den Maisgrieß gleichmäßig einrühren und aufkochen. Den Topf kurz von der Kochstelle ziehen, damit der Brei nicht zu stark spritzt. Den Maisgrieß zugedeckt bei schwächster Hitze in etwa 20 Minuten ausquellen lassen. Dabei gelegentlich umrühren.

2. Ein Backblech kurz kalt ausspülen, den Brei darauf streichen und die Polenta etwa 30 Minuten trocknen lassen, bis sie sich schneiden läßt.

3. Inzwischen die Tomaten mit kochendem Wasser überbrühen, kurz ziehen lassen, kalt abschrecken und häuten. Die Tomaten in kleine Würfel schneiden, dabei die Stielansätze entfernen. Den Fenchel gründlich waschen, putzen und ohne den Strunk in kleine Würfel schneiden. Das zarte Fenchelgrün dabei mitverwenden. Den Lauch putzen, waschen und mit dem zarten Grün in feine Ringe schneiden. Die Möhren und den Sellerie schälen und sehr klein würfeln. Die Zwiebeln und den Knoblauch fein hacken.

4. Das Öl in einer größeren Pfanne erhitzen. Die Zwiebeln und den Knoblauch darin glasig dünsten. Das Gemüse (außer den Tomaten) hinzufügen und unter Rühren bei mittlerer Hitze etwa 3 Minuten garen. Dann die Tomaten untermischen und alles unter Rühren weitergaren, bis die Flüssigkeit verdampft ist.

5. Die Kräuter waschen und trockenschwenken. Einen Teil der Petersilie zugedeckt beiseite legen. Dann die restliche Petersilie fein hacken. Die Thymianblättchen von den Stielen streifen.

6. Die Kräuter unter die Tomatenmasse mischen und diese mit Salz, Pfeffer und Cayennepfeffer pikant abschmecken.

7. Die Polenta in längliche Stücke schneiden. Eine feuerfeste Form mit der Hälfte der Polentascheiben auslegen. Die Gemüsemasse daraufgeben und mit den restlichen Polentascheiben abdecken. Den Käse darüber streuen. Die Butter in kleine Stücke schneiden und auf der Oberfläche verteilen.

8. Die Form auf den Rost in den Backofen (Mitte) stellen. Den Ofen auf 220° schalten und das Gratin etwa 25 Minuten garen, bis die Oberfläche schön gebräunt ist.

9. Kurz vor Ende der Garzeit die restliche Petersilie fein hacken. Das Gratin mit der Petersilie bestreut servieren.

Ein Polentagratin sieht nicht nur verführerisch aus, es schmeckt auch köstlich. Eine schöne Überraschung wenn Gäste kommen.

GETREIDE UND HÜLSENFRÜCHTE

GETREIDE UND HÜLSENFRÜCHTE

Kräuter-pfannkuchen mit Linsen

Durch die Kräuter sehen die Pfannkuchen nicht nur hübscher aus, sie erhalten durch sie auch ein besonders feines Aroma. Bei der Wahl der Kräuter können Sie ganz nach Ihren persönlichen Vorlieben entscheiden. Die angegebenen Kräuter sind kein Muß, sondern nur ein Vorschlag.

Zutaten für 4 Personen:
150 g schwarze Linsen (Puy-Linsen), ersatzweise braune Linsen
etwa 300 ccm Gemüsebrühe
1 Bund Petersilie
1/2 Bund frischer Thymian
100 g Weizenvollkornmehl
Salz
2 Eier
1/8 l Milch
1/8 l kohlensäurehaltiges Mineralwasser
150 g Zwiebeln
400 g Tomaten
1/2 frische grüne Pfefferschote
125 g mittelalter Gouda
etwa 2 Eßl. Olivenöl, kaltgepreßt
schwarzer Pfeffer, frisch gemahlen
1 Bund Schnittlauch
Für die Form: 1 Teel. Butter

Raffiniert
Braucht etwas Zeit

Pro Portion etwa:
2100 kJ/500 kcal
27 g Eiweiß · 25 g Fett
43 g Kohlenhydrate
12 g Ballaststoffe

• Zubereitungszeit: etwa 2 Stunden

1. Die Linsen mit der Gemüsebrühe in einem Topf zum Kochen bringen. Die Linsen dann zugedeckt bei schwacher Hitze in etwa 30 Minuten bißfest garen. Dabei gegebenenfalls noch etwas Brühe zugießen.

2. Inzwischen die Kräuter waschen und trockenschwenken. Die Petersilie fein hacken, die Thymianblättchen von den Stielen streifen. Für den Teig das Mehl mit 1 kräftigen Prise Salz, den Eiern, der Milch und dem Mineralwasser gründlich verrühren. Den Teig zugedeckt beiseite stellen.

3. Die Zwiebeln sehr fein hacken. Die Tomaten kochendheiß überbrühen, kurz ziehen lassen, kalt abschrecken und häuten. Die Tomaten in kleine Würfel schneiden, dabei die Stielansätze entfernen. Die Pfefferschotenhälfte von den Kernen befreien, waschen und in Streifen schneiden. Den Käse in Würfel schneiden.

4. Für die Pfannkuchen eine mittelgroße beschichtete Pfanne erhitzen. Etwas Öl hineingeben. Den Teig noch einmal durchrühren, die Kräuter untermischen. Nacheinander bei mittlerer Hitze dünne Pfannkuchen backen. Dabei bei Bedarf noch etwas Öl in die Pfanne geben.

5. Wenn alle Pfannkuchen gebacken sind, das restliche Öl in die Pfanne geben. Die Zwiebeln darin unter Rühren glasig dünsten. Die Pfanne vom Herd ziehen, die Tomaten, die Pfefferschote und die Hälfte des Käses untermischen.

6. Eine längliche, feuerfeste Form mit der Butter ausstreichen. Die Linsen eventuell abtropfen lassen, dann mit der Zwiebel-Tomaten-Masse mischen und mit Salz und Pfeffer abschmecken.

7. Die Pfannkuchen auf einem Brett ausbreiten, jeweils mit etwas Linsenmasse bedecken, aufrollen und nebeneinander in die Form legen. Den restlichen Käse über die Röllchen streuen.

8. Die Form auf den Rost in den Backofen (Mitte) stellen. Den Ofen auf 220° schalten und die Röllchen etwa 30 Minuten backen, bis sie an der Oberfläche schön gebräunt sind. Den Schnittlauch waschen und in Röllchen schneiden. Die Pfannkuchen mit dem Schnittlauch bestreut servieren.

Varianten:
Statt mit Linsen schmecken die Pfannkuchen mit allen anderen Hülsenfrüchten. So können Sie auch rote, schwarze oder weiße Bohnen kochen. Diese Sorten müssen Sie allerdings über Nacht in Wasser einweichen und am nächsten Tag, je nach Alter, 1–2 Stunden kochen lassen. Wenn Sie gerne Hülsenfrüchte essen, aber nicht so gerne schon am Tag zuvor entscheiden, was Sie morgen essen möchten, können Sie Hülsenfrüchte gut auf Vorrat kochen und einfrieren. So haben Sie sie immer vorrätig.

GETREIDE UND HÜLSENFRÜCHTE

GETREIDE UND HÜLSENFRÜCHTE

Dinkelauflauf mit Bohnen und Tomaten

Dieser Auflauf macht wenig Mühe und gelingt leicht. Die Dinkelkörner können Sie problemlos schon am Tag zuvor kochen und quellen lassen.

Zutaten für 4 Personen:
200 g Dinkel
etwa 400 ccm Gemüsebrühe
500 g grüne Bohnen
Salz
300 g Tomaten
1 Schalotte
1 Bund frisches Bohnenkraut
schwarzer Pfeffer, frisch gemahlen
4 Eier
50 g Parmesan, frisch gerieben

Braucht etwas Zeit
Gelingt leicht

Pro Portion etwa:
1500 kJ/360 kcal
22 g Eiweiß · 12 g Fett
43 g Kohlenhydrate
10 g Ballaststoffe

- Zubereitungszeit: etwa 3 Stunden (davon etwa 2 Stunden Garzeit für den Dinkel)

1. Den Dinkel mit der Gemüsebrühe in einem Topf zum Kochen bringen und zugedeckt bei schwacher Hitze etwa 1 Stunde garen. Eventuell noch etwas Gemüsebrühe angießen.

2. Den Dinkel anschließend zugedeckt 1 weitere Stunde auf der abgeschalteten Kochstelle nachquellen lassen.

3. Die Bohnen putzen, waschen und je nach Größe halbieren oder vierteln. In einem Topf etwa 2 cm hoch Wasser mit 1 kräftigen Prise Salz zum Kochen bringen. Die Bohnen darin etwa 4 Minuten sprudelnd kochen.

4. Die Bohnen in einem Sieb kalt abschrecken und abtropfen lassen.

5. Die Tomaten mit kochendem Wasser überbrühen, kurz darin ziehen lassen, kalt abschrecken und häuten. Die Tomaten in kleine Würfel schneiden, dabei die Stielansätze entfernen. Die Schalotte fein hacken. Das Bohnenkraut waschen und trockenschwenken. Die Blättchen von den Stielen zupfen, die Hälfte davon zum Bestreuen des fertigen Auflaufs zugedeckt beiseite stellen.

6. Das restliche Bohnenkraut mit den Bohnen, den Tomaten und der Schalotte unter den Dinkel mischen. Die Masse mit Salz und Pfeffer abschmecken.

7. Die Eier trennen. Die Eigelbe mit dem Käse verquirlen und unter die Dinkelmasse mischen.

Die Eiweiße mit 1 Prise Salz zu steifem Schnee schlagen und vorsichtig unterheben. Die Auflaufmasse in eine feuerfeste Form füllen.

8. Die Form auf den Rost in den Backofen (Mitte) stellen. Den Ofen auf 200° schalten und den Auflauf etwa 45 Minuten backen, bis er schön gebräunt ist.

9. Den Auflauf mit dem restlichen Bohnenkraut bestreut servieren.

Varianten:
Statt Dinkel schmecken auch Roggen, Weizen oder Hafer sehr gut. Oder Sie nehmen Hirse, die Sie nur etwa 15 Minuten vorgaren müssen. Die Bohnen lassen sich durch Erbsen (frisch oder tiefgefroren) ersetzen, die Sie nicht blanchieren müssen.

Wie gut Ofengerichte mit Getreide schmecken können, beweist dieser Dinkelauflauf.

GETREIDE UND HÜLSENFRÜCHTE

GETREIDE UND HÜLSENFRÜCHTE

Roggen-klößchen mit Tomaten

Auch dieses Gratin können Sie gut vorbereiten: Den Schrot schon morgens kurz garen und anschließend bis zur Weiterverwendung zugedeckt ziehen lassen. Statt Roggen schmecken auch Grünkern oder Dinkel.

Zutaten für 4 Personen:
1 Zwiebel
1 Knoblauchzehe
2 EßI. Maiskeimöl
200 g Roggen, fein geschrotet
400 ccm Gemüsebrühe
500 g Tomaten
1/2 Bund frischer Thymian
75 g Crème fraîche
1 EßI. Sonnenblumenkerne
Salz
weißer Pfeffer, frisch gemahlen
Cayennepfeffer
1 Prise Zuckerrohrgranulat
1 Ei
150 g Mozzarella
30 g Parmesan, frisch gerieben
Für die Form: etwas Butter

Preiswert

Pro Portion etwa:
2100 kJ/ 500 kcal
20 g Eiweiß · 31 g Fett
35 g Kohlenhydrate
10 g Ballaststoffe

• Zubereitungszeit: etwa 2 Stunden

1. Die Zwiebel und den Knoblauch fein hacken.

2. Das Öl in einem Topf erhitzen. Die Zwiebel und den Knoblauch darin glasig dünsten. Den Roggenschrot hinzufügen und anbraten, bis er vom Öl überzogen ist. Die Gemüsebrühe angießen und zum Kochen bringen.

3. Den Schrot zugedeckt bei schwacher Hitze etwa 20 Minuten garen, anschließend weitere 50 Minuten zugedeckt auf der abgeschalteten Kochstelle nachquellen lassen.

4. Inzwischen die Tomaten mit kochendem Wasser überbrühen, kurz darin ziehen lassen, kalt abschrecken und häuten. Die Tomaten klein würfeln, dabei die Stielansätze entfernen. Den Thymian waschen, trockenschwenken und die Blättchen von den Stielen streifen.

5. Die Tomaten mit dem Thymian, der Crème fraîche und den Sonnenblumenkernen mischen und mit Salz, Pfeffer, Cayennepfeffer und dem Zuckerrohrgranulat nach Geschmack pikant abschmecken.

6. Den Roggenschrot mit dem Ei mischen und mit Salz und Pfeffer abschmecken. Eine feuerfeste Form mit etwas Butter ausstreichen.

7. Von der Schrotmasse mit zwei Teelöffeln Klößchen abstechen und in die Form legen. Die Tomatensauce daneben verteilen.

8. Den Mozzarella abtropfen lassen, in feine Scheiben schneiden und auf die Klößchen legen. Den Parmesan darüber streuen.

9. Die Form auf den Rost in den Backofen (Mitte) stellen. Den Ofen auf 200° schalten und die Klößchen etwa 40 Minuten backen, bis sie schön gebräunt sind.

Tip!

Aufläufe und Gratins haben eine relativ lange Garzeit. Damit Sie trotzdem genügend Frisches zu sich nehmen, was für eine gesunde Ernährung sehr wichtig ist, sollten Sie vorher immer Rohkost essen. Zusätzlich können Sie Backofengerichte noch mit etwas Rohem anreichern, indem Sie sie mit feingehackten Kräutern, gewürfelten Tomaten oder anderem feingehacktem rohem Gemüse bestreuen.

Für eine gesunde Abwechslung im Speiseplan sorgen diese köstlichen Roggenklößchen mit Tomaten.

GETREIDE UND HÜLSENFRÜCHTE

GETREIDE UND HÜLSENFRÜCHTE

Tofugratin mit Gemüse

Zutaten für 3 Personen:
je 1 rote und gelbe Paprikaschote
2 junge Zucchini
250 g Tofu
1 Eßl. Zitronensaft
1 weiße Zwiebel
1 Knoblauchzehe
Salz
weißer Pfeffer, frisch gemahlen
1 Prise gemahlener Koriander
200 g Sahne
1 Briefchen Safranfäden
1 Bund Schnittlauch

Gelingt leicht

Pro Portion etwa:
1500 kJ/360 kcal
12 g Eiweiß · 26 g Fett
17 g Kohlenhydrate
7 g Ballaststoffe

- Zubereitungszeit: etwa
  1 1/4 Stunden

1. Die Paprikaschoten waschen, putzen und in Streifen schneiden. Die Zucchini waschen, putzen und in Stifte schneiden. Den Tofu abtropfen lassen, in Scheiben schneiden und mit dem Zitronensaft beträufeln. Die Zwiebel und die Knoblauchzehe fein hacken.

2. Das Gemüse, den Tofu, die Zwiebel und den Knoblauch in eine feuerfeste Form schichten, dabei mit Salz, Pfeffer und dem Koriander würzen.

3. Die Sahne mit den zerriebenen Safranfäden verrühren und darüber gießen.

4. Die Form auf den Rost in den Backofen (Mitte) stellen. Den Ofen auf 220° schalten und das Gratin etwa 30 Minuten garen, bis es leicht gebräunt ist.

5. Kurz vor Ende der Garzeit den Schnittlauch waschen, trockentupfen und in feine Röllchen schneiden. Das Gratin mit dem Schnittlauch bestreut servieren.

Tofugratin mit Kräuterpaste

Zutaten für 3 Personen:
2 Knoblauchzehen
3 Bund Basilikum
50 g Pinienkerne
1/8 l Olivenöl, kaltgepreßt
75 g Parmesan, frisch gerieben
schwarzer Pfeffer, frisch gemahlen
Salz
250 g Tofu
500 g junge Zucchini
1 mittelgroße Fleischtomate

Raffiniert

Pro Portion etwa:
3100 kJ/740 kcal
23 g Eiweiß · 62 g Fett
19 g Kohlenhydrate
6 g Ballaststoffe

- Zubereitungszeit: etwa 1 Stunde

1. Den Knoblauch durch die Presse drücken. Das Basilikum waschen, trockenschwenken und ohne die groben Stiele sehr fein hacken. Die Pinienkerne mahlen oder im Blitzhacker zerkleinern.

2. Den Knoblauch mit dem Basilikum und den Pinienkernen gründlich vermischen. Das Öl teelöffelweise darunterschlagen. Den Käse untermischen. Die Paste mit reichlich Pfeffer und wenig Salz abschmecken.

3. Den Tofu abtropfen lassen und in Scheiben schneiden. Die Zucchini waschen, von den Stiel- und Blütenansätzen befreien und längs in dünne Scheiben schneiden.

4. Die Zucchinischeiben in eine feuerfeste Form geben und mit der Hälfte der Basilikumpaste bestreichen. Die Tofuscheiben darauf legen und mit der restlichen Paste bestreichen.

5. Die Form auf den Rost in den Backofen (Mitte) stellen. Den Ofen auf 200° schalten und das Gratin etwa 25 Minuten garen, bis es leicht gebräunt ist.

6. Kurz vor Ende der Garzeit die Tomate waschen und fein würfeln, dabei den Stielansatz entfernen. Das Gratin mit den Tomaten bestreut servieren.

Bild oben:
Tofugratin mit Gemüse
Bild unten:
Tofugratin mit Kräuterpaste

GETREIDE UND HÜLSENFRÜCHTE

VOM BLECH UND AUS DER FORM

Pizza mit Kartoffeln

Diese ungewöhnliche Pizzavariante lernte ich im Süden Italiens kennen. Zuerst konnte ich mir nicht vorstellen, daß die Kombination von Teig und Kartoffeln schmecken würde, doch ich ließ mich gerne und schnell vom Gegenteil überzeugen.

Zutaten für 3 Personen:
Für den Teig:
250 g Weizenvollkornmehl
15 g frische Hefe
1 Prise Zuckerrohrgranulat
etwa 1/8 l lauwarmes Wasser
Salz
6 Eßl. Olivenöl, kaltgepreßt
Für den Belag:
700 g mehligkochende Kartoffeln
1 Fleischtomate
150 g Champignons
1 Knoblauchzehe
3–4 Zweige frischer Rosmarin
4 Eßl. trockener Weißwein,
ersatzweise Gemüsebrühe
4 Eßl. Olivenöl, kaltgepreßt
75 g Parmesan, frisch gerieben
schwarzer Pfeffer, frisch gemahlen
Salz

Raffiniert

Pro Portion etwa:
4400 kJ/1000 kcal
27 g Eiweiß · 62 g Fett
92 g Kohlenhydrate
18 g Ballaststoffe

• Zubereitungszeit: etwa
  1 1/2 Stunden

1. Für den Teig das Mehl in eine Schüssel sieben und in die Mitte eine Mulde drücken. Die Hefe zerkrümeln und mit dem Zuckerrohrgranulat und wenig lauwarmem Wasser verrühren. Die Hefe in die Mehlmulde geben, mit etwas Mehl bestäuben und zugedeckt an einem warmen Ort etwa 15 Minuten gehen lassen.

2. Dann das restliche Wasser, 1 kräftige Prise Salz und das Olivenöl zum Mehl geben und alles zu einem glatten, geschmeidigen Teig verkneten.

3. Den Teig zugedeckt an einem warmen Ort etwa 45 Minuten gehen lassen, bis sich sein Volumen fast verdoppelt hat.

4. Inzwischen die Kartoffeln schälen, waschen und mit dem Gurkenhobel in feine Scheiben teilen. Die Tomate mit kochendem Wasser überbrühen, kurz darin ziehen lassen, kalt abschrecken und häuten. Die Tomate klein würfeln, dabei den Stielansatz entfernen. Die Pilze putzen und eventuell kurz kalt abspülen, dann sehr klein würfeln. Den Knoblauch fein hakken. Den Rosmarin waschen, trockenschwenken, die Nadeln von den Stielen zupfen und fein hacken.

5. Die Tomate mit den Pilzen, dem Knoblauch, dem Wein oder der Gemüsebrühe, 2 Eßlöffeln Öl und dem Parmesan verrühren und mit Pfeffer abschmecken.

6. Den Hefeteig noch einmal gut durchkneten. Das Backblech mit etwas Öl ausstreichen. Den Teig auf dem Blech ausrollen. Die Ränder etwas dicker formen und mit Öl bestreichen.

7. Die Pilzmasse auf dem Teig verteilen und mit den Kartoffelscheiben belegen. Die Kartoffeln salzen, pfeffern und mit dem Rosmarin bestreuen. Das restliche Olivenöl darüber träufeln.

8. Die Pizza auf dem Blech in den Backofen (Mitte) schieben. Den Ofen auf 200° schalten und die Pizza etwa 40 Minuten backen, bis sie gebräunt ist und die Kartoffeln weich sind.

Wer kann bei dieser verlockenden Pizzavariante schon »Nein« sagen?

VOM BLECH UND AUS DER FORM

VOM BLECH UND AUS DER FORM

Möhren-Pilz-Quiche mit Ricotta

Wenn Sie einmal den Teig nicht selbst zubereiten möchten, nehmen Sie einfach Blätterteig mit Vollkornmehl aus dem Reformhaus.
Es schadet dem selbstgemachten Teig übrigens nicht, wenn Sie ihn schon morgens kneten und in der Form ruhen lassen. Während die Quiche im Ofen gart, essen Sie in Ruhe einen Salat als Vorspeise.

Zutaten für 1 Springform
von 28 cm Ø:
Für den Teig:
250 g Weizenvollkornmehl
1 kräftige Prise Salz
125 g Butter
2 Eßl. Dickmilch
Für den Belag:
300 g junge Möhren
250 g Champignons
1 Eßl. Zitronensaft
1 Bund Petersilie
200 g schnittfester Ricotta
3 Eier
150 g Sahne
50 g Parmesan, frisch gerieben
Salz
weißer Pfeffer, frisch gemahlen
Muskatnuß, frisch gerieben

Gelingt leicht

Bei 6 Personen pro Portion etwa:
2200 kJ/520 kcal
18 g Eiweiß · 37 g Fett
30 g Kohlenhydrate
8 g Ballaststoffe

• Zubereitungszeit: etwa
  2 Stunden

1. Für den Teig das Mehl mit dem Salz in einer Schüssel mischen. Die Butter in kleine Stücke schneiden und mit der Dickmilch zum Mehl geben. Alles mit den Händen oder den Knethaken des Handrührgerätes zu einem glatten Teig verkneten.

2. Den Teig in der Springform verteilen. Dabei einen Rand von etwa 3 cm hochziehen.

3. Den Teig in der Form etwa 1 Stunde in den Kühlschrank stellen.

4. Nach etwa der Hälfte der Kühlzeit für den Belag die Möhren waschen, schälen und auf der Rohkostreibe fein raspeln. Die Pilze putzen und eventuell kurz kalt abspülen, dann je nach Größe halbieren oder vierteln. Die Pilze mit dem Zitronensaft mischen, damit sie sich nicht zu stark verfärben. Die Petersilie waschen, trockenschwenken und ohne die groben Stiele fein hacken. Dann den Ricotta in sehr kleine Würfel schneiden.

5. Das Gemüse mit der Petersilie und dem Ricotta in einer Schüssel mischen.

6. Die Eier trennen. Die Eigelbe mit der Sahne und dem Käse verrühren und unter die Gemüsemasse mischen. Die Masse mit Salz, Pfeffer und Muskat pikant abschmecken. Die Eiweiße mit 1 Prise Salz steif schlagen und unter die Eigelbmasse mischen.

7. Die Gemüsemasse auf dem gekühlten Teig verteilen.

8. Die Form auf den Rost in den Backofen (Mitte) stellen. Den Ofen auf 200° schalten und die Quiche etwa 45 Minuten backen, bis die Masse fest und schön gebräunt ist.

Varianten:

Statt Möhren und Pilzen schmecken auch Lauch und Tomaten (gewürfelt und ohne Kerne) sehr gut. Und statt Ricotta können Sie auch gut Schafkäse oder Räuchertofu verwenden.

Quiche kommt immer gut an. Hier eine besonders delikate Version mit italienischem Ricotta.

VOM BLECH UND AUS DER FORM

Gemüse-kuchen

Zutaten für 6 Personen:
1 Dose Maiskörner (340 g)
1 Fleischtomate
1 grüne Paprikaschote
1 Fenchelknolle
250 g Zwiebeln
1 Knoblauchzehe
1 Bund Petersilie
150 g Schichtkäse
Salz
5 Eßl. Maiskeimöl
1 Ei
4 Eßl. Milch
300 g Weizenvollkornmehl
2 gehäufte Teel. Weinstein-Backpulver
150 g Emmentaler, frisch gerieben
200 g Sahne
1 Teel. Paprikapulver, edelsüß
1 Prise Paprikapulver, rosenscharf
1 Teel. getrockneter Thymian
1 Bund Frühlingszwiebeln
Für das Backblech: etwas Butter

Raffiniert

Pro Portion etwa:
2800 kJ/670 kcal
24 g Eiweiß · 40 g Fett
54 g Kohlenhydrate
13 g Ballaststoffe

- Zubereitungszeit: etwa 1 3/4 Stunden

1. Die Maiskörner in einem Sieb kurz kalt abspülen, um den Zucker zu entfernen. Die Tomate mit kochendem Wasser überbrühen, kurz ziehen lassen, kalt abschrecken und häuten. Die Tomate würfeln, dabei den Stielansatz entfernen. Die Paprikaschote putzen, waschen und in Streifen schneiden. Von der Fenchelknolle das zarte Grün abschneiden und zugedeckt beiseite legen. Den Fenchel putzen, waschen und vierteln. Den Strunk herausschneiden und die Viertel quer zu den Fasern in feine Streifen schneiden. Die Zwiebeln und den Knoblauch fein hacken. Die Petersilie waschen, trockenschwenken und ohne die groben Stiele sehr fein hacken. Alle diese vorbereiteten Zutaten in einer Schüssel mischen.

2. Für den Teig den Schichtkäse mit 1 kräftigen Prise Salz, dem Öl, dem Ei und der Milch mit den Schneebesen des Handrührgerätes gründlich vermischen. Das Mehl mit dem Backpulver mischen und die Hälfte davon unter die Schichtkäsemasse mischen. Die restliche Mehlmischung mit den Händen rasch unterkneten.

3. Ein Backblech mit Butter ausstreichen. Den Teig gleichmäßig auf dem Backblech verteilen, dabei einen kleinen Rand formen.

4. Die Gemüsemischung auf dem Teig verteilen.

5. Den Käse mit der Sahne verrühren und mit den Paprikapulversorten, dem Thymian und eventuell etwas Salz (der Käse ist schon salzig!) abschmecken. Das Gemüse ebenfalls mit etwas Salz würzen, dann mit der Käsesahne bedecken.

6. Das Blech in den Backofen (Mitte) schieben. Den Ofen auf 200° schalten und den Gemüsekuchen etwa 40 Minuten backen, bis er an der Oberfläche schön gebräunt ist.

7. Kurz vor Ende der Garzeit die Frühlingszwiebeln putzen, waschen und mit dem zarten Grün sehr fein hacken. Das Fenchelgrün waschen und ebenfalls sehr fein zerkleinern.

8. Den Gemüsekuchen mit den Frühlingszwiebeln und dem Fenchelgrün bestreut servieren.

Tip!

Schichtkäse bekommen Sie vielleicht nicht in jedem Geschäft. Sie können ihn aber durch Quark ersetzen. In diesem Fall allerdings keine Milch zugeben, denn Quark ist feuchter als Schichtkäse.

Ideal, wenn sich viele Gäste angesagt haben: ein bunter Gemüsekuchen vom Blech

VOM BLECH UND AUS DER FORM

VOM BLECH UND AUS DER FORM

Roggenkuchen mit Tomaten

Durch die Zugabe von Roggenmehl bekommt der Teig für diesen Kuchen ein angenehm kräftiges Aroma. Für den Belag können Sie statt Mozzarella auch schnittfesten Ricotta (eventuell aus Schafmilch) verwenden. Oder Sie mischen beide Käsesorten.

Zutaten für 6 Personen:
Für den Teig:
250 g Roggenvollkornmehl
250 g Weizenvollkornmehl
Salz
1 Würfel frische Hefe (42 g)
1 Prise Zuckerrohrgranulat
1/8 l lauwarmes Wasser
250 g Joghurt
1 Eßl. Apfelessig
Für den Belag:
1 kg Fleischtomaten
2 Bund Frühlingszwiebeln
300 g Mozzarella
1/2 Bund frischer Thymian
Salz
schwarzer Pfeffer, frisch gemahlen
1 Eßl. Pinienkerne
1 Eßl. Kapern (aus dem Glas)
2 Eßl. Olivenöl, kaltgepreßt
Für das Backblech: etwas Butter

Gelingt leicht

Pro Portion etwa:
2300 kJ/550 kcal
25 g Eiweiß · 21 g Fett
61 g Kohlenhydrate
14 g Ballaststoffe

• Zubereitungszeit: etwa 2 Stunden

1. Für den Teig die beiden Mehlsorten mit 1 kräftigen Prise Salz in einer Schüssel mischen. In der Mitte des Mehls eine Mulde formen.

2. Die Hefe in einer Tasse zerbröckeln und mit dem Zuckerrohrgranulat und wenig lauwarmem Wasser verrühren. Die Hefe in die Mehlmulde geben, mit etwas Mehl bestäuben und zugedeckt an einem warmen Ort etwa 15 Minuten gehen lassen.

3. Inzwischen den Joghurt lauwarm erwärmen. Den Joghurt, das restliche Wasser und den Essig zum Mehl in die Schüssel geben und alles mit den Händen oder den Knethaken des Handrührgerätes etwa 5 Minuten lang kräftig durchkneten, bis ein glatter und geschmeidiger Teig entstanden ist.

4. Den Teig zugedeckt an einem warmen Ort etwa 1 Stunde gehen lassen, bis sich sein Volumen fast verdoppelt hat.

5. Inzwischen für den Belag die Tomaten mit kochendem Wasser überbrühen, kurz darin ziehen lassen, kalt abschrecken und häuten. Die Tomaten quer zu den Samenkammern in dünne Scheiben schneiden, dabei die Stielansätze herausschneiden. Die Frühlingszwiebeln putzen, waschen und mit dem zarten Grün in feine Ringe schneiden. Den Mozzarella abtropfen lassen und kleinschneiden. Den Thymian waschen, trockenschwenken und die Blättchen von den Stielen streifen.

6. Das Backblech mit Butter ausstreichen.

7. Den Teig noch einmal gut durchkneten, dann auf dem Backblech ausrollen.

8. Den Teig mit den Tomatenscheiben und den Frühlingszwiebeln belegen, mit dem Thymian bestreuen und mit Salz und Pfeffer würzen. Die Pinienkerne und die Kapern darauf verteilen. Den Mozzarella darüber streuen und ebenfalls mit etwas Salz und Pfeffer würzen. Das Öl darüber träufeln.

9. Das Backblech in den Backofen (Mitte) schieben. Den Ofen auf 220° schalten und den Roggenkuchen etwa 35 Minuten garen, bis er schön gebräunt ist. Der Kuchen schmeckt heiß oder lauwarm abgekühlt.

Roggenkuchen mit Tomaten vom Blech, knusprig überbacken, bekommt durch aufgestreute Pinienkerne und Kapern den richtigen Pfiff.

VOM BLECH UND AUS DER FORM

SÜSSES AUS DEM BACKOFEN

Grießauflauf mit Obst

Statt mit Weizengrieß schmeckt der Auflauf auch mit Maisgrieß (Polenta) oder mit Hirse.

Zutaten für 4 Personen:
1/2 l Milch
125 g Weizenvollkorngrieß
1 Prise Salz
100 g rote Johannisbeeren
100 g Stachelbeeren
2 Nektarinen
3 Eier
50 g Zuckerrohrgranulat
1/2 Teel. Zimtpulver
1 Prise gemahlene Nelken
1 Eßl. Sonnenblumenkerne
10 g Butter
Für die Form: 1 Teel. Butter

Gelingt leicht

Pro Portion etwa:
1800 kJ/430 kcal
16 g Eiweiß · 16 g Fett
55 g Kohlenhydrate
3 g Ballaststoffe

• Zubereitungszeit: etwa
 1 1/4 Stunden

1. Die Milch mit dem Grieß und dem Salz in einem Topf mischen und unter Rühren zum Kochen bringen. Den Grieß bei schwacher Hitze zugedeckt in etwa 10 Minuten ausquellen lassen. Den Grieß vom Herd nehmen und etwas abkühlen lassen.

2. Die Johannisbeeren und die Stachelbeeren waschen und von den Stielen befreien. Die Nektarinen waschen und in

Schnitzen von den Steinen schneiden.

3. Die Eier trennen. Die Eigelbe mit dem Zuckerrohrgranulat, dem Zimt und den Nelken schaumig rühren, dann mit dem Obst unter den Grieß mischen.

4. Die Eiweiße steif schlagen und vorsichtig unterheben.

5. Eine feuerfeste Form mit der Butter ausstreichen. Die Auflaufmasse hineinfüllen und glattstreichen. Die Sonnenblumenkerne und die Butter in kleinen Stücken auf der Oberfläche verteilen.

6. Die Form auf den Rost in den Backofen (Mitte) stellen. Den Ofen auf 180° schalten und den Auflauf etwa 45 Minuten backen, bis er schön gebräunt ist.

Gratinierte Zwetschgen

Zutaten für 3–4 Personen:
600 g Zwetschgen
150 g Crème fraîche
1 Eßl. Zitronensaft
40 g Zuckerrohrgranulat
40 g Haselnußkerne, fein gerieben
1 Eigelb

Gelingt leicht • Schnell

Bei 4 Personen pro Portion etwa:
1400 kJ/330 kcal
3 g Eiweiß · 22 g Fett
29 g Kohlenhydrate
3 g Ballaststoffe

• Zubereitungszeit: etwa
 35 Minuten

1. Den Backofen ausnahmsweise auf 240° vorheizen.

2. Die Zwetschgen waschen, halbieren und von den Steinen befreien. Die Zwetschgen mit den Schnittflächen nach oben in eine feuerfeste Form legen.

3. Die Crème fraîche mit dem Zitronensaft, dem Zuckerrohrgranulat, den Nüssen und dem Eigelb verrühren und über die Zwetschgen gießen.

4. Die Form auf den Rost in den heißen Backofen (Mitte) stellen und die Zwetschgen in etwa 20 Minuten garen, bis sie leicht gebräunt sind.

Bild oben:
Grießauflauf mit Obst
Bild unten:
Gratinierte Zwetschgen

SÜSSES AUS DEM BACKOFEN

Quarkauflauf mit Rhabarber

Die Menge für diesen leichten Auflauf ist für 4 Personen als Dessert gedacht. Wenn Sie das Gericht aber als Hauptgericht servieren möchten, reicht es nur für 2.

Zutaten für 4 Personen:
Für das Kompott:
400 g Rhabarber
125 g Zuckerrohrgranulat
1/8 l trockener Weißwein, ersatzweise Wasser
400 g Erdbeeren
Für den Auflauf:
3 Eier
250 g Magerquark
50 g Zuckerrohrgranulat
1 Prise Salz
1 Teel. Zimtpulver
abgeriebene Schale und Saft von 1/2 unbehandelten Zitrone
125 g Sahne
30 g Weizenvollkornmehl
Für die Form: etwas Butter

Raffiniert

Pro Portion etwa:
2000 kJ/480 kcal
18 g Eiweiß · 18 g Fett
58 g Kohlenhydrate
6 g Ballaststoffe

- Zubereitungszeit: etwa 1 1/2 Stunden

1. Für das Kompott den Rhabarber putzen, waschen und den Rhabarber in etwa 1 cm lange Stücke schneiden.

2. Die Rhabarberstücke mit dem Zuckerrohrgranulat und dem Weißwein oder dem Wasser in einen Topf geben und einmal aufkochen. Den Rhabarber dann zugedeckt bei schwacher Hitze etwa 5 Minuten garen, bis er bißfest ist.

3. Die Erdbeeren waschen, putzen und in Würfel schneiden. Die Erdbeeren unter das abgekühlte Rhabarberkompott mischen. Das Kompott eventuell noch mit etwas Zuckerrohrgranulat nachsüßen.

4. Das Kompott bis zum Servieren zugedeckt in den Kühlschrank stellen.

5. Für den Quarkauflauf die Eier trennen. Die Eigelbe mit dem Quark, dem Zuckerrohrgranulat, dem Salz, dem Zimt, der Zitronenschale und dem -saft gründlich verquirlen.

6. Die Eiweiße zu steifem Schnee schlagen. Die Sahne ebenfalls steif schlagen. Beides auf die Eigelbmasse geben. Das Mehl darüber stäuben. Alles mit einem Schneebesen locker, aber gründlich mischen.

7. Eine höhere feuerfeste Form nur am Boden mit wenig Butter ausstreichen. Die Quarkmasse hineinfüllen.

8. Den Auflauf auf den Rost in den Backofen (Mitte) stellen. Den Ofen auf 200° schalten und den Auflauf in etwa 35 Minuten garen, bis die Oberfläche leicht gebräunt und die Quarkmasse fest ist.

9. Den Auflauf mit dem Kompott servieren.

Varianten:

Statt Kompott können Sie zu dem Auflauf auch einen Salat aus beliebigen rohen Früchten servieren.

Quarkauflauf mit Rhabarber ist eine fruchtige Alternative, die schon einmal als Mittagessen ausreicht.

SÜSSES AUS DEM BACKOFEN

Aprikosen mit Mohnhaube

Mohnsamen können Sie in manchen Getreidemühlen und in einigen Kaffeemühlen frisch mahlen. Oder Sie bitten Ihren Reformhaus- oder Naturkosthändler um diesen Gefallen.

Zutaten für 4–6 Personen:
75 g Mohnsamen, frisch gemahlen
1/8 l Milch
je 1/2 Teel. gemahlene Vanille und Zimtpulver
abgeriebene Schale von
1/2 unbehandelten Zitrone
125 g Mandeln, frisch gerieben
700 g Aprikosen
4 Eiweiß
100 g Zuckerrohrgranulat

Raffiniert

Bei 6 Personen pro Portion etwa:
1300 kJ/310 kcal
9 g Eiweiß · 17 g Fett
31 g Kohlenhydrate
7 g Ballaststoffe

• Zubereitungszeit: etwa 1 Stunde

1. Den Mohn mit der Milch, der Vanille und dem Zimt in einem Topf zum Kochen bringen. Die Masse dann vom Herd ziehen und zugedeckt quellen und abkühlen lassen. Dann die Zitronenschale und die Mandeln untermischen.

2. Die Aprikosen waschen, halbieren und von den Kernen befreien. Die Aprikosen mit den Schnittflächen nach oben in eine feuerfeste Form geben.

3. Die Eiweiße zu sehr steifem Schnee schlagen, dabei nach und nach das Zuckerrohrgranulat einrieseln lassen. Die Mohnmasse vorsichtig unterheben. Den Mohnschnee auf den Aprikosen verstreichen.

4. Die Form auf den Rost in den Backofen (unten) stellen. Den Backofen auf 200° schalten und die Aprikosen etwa 25 Minuten backen, bis die Mohnmasse fest und leicht gebräunt ist.

Pfirsiche mit Nußstreuseln

Mit geschmolzener Butter zubereitet, sind Streusel ganz einfach herzustellen.
Wenn Sie wirklich vollreife Pfirsiche bekommen, brauchen Sie sie vor dem Häuten nicht mit kochendem Wasser zu überbrühen.

Zutaten für 4 Personen:
125 g Butter
100 g Weizenvollkornmehl
75 g Mandeln, frisch gerieben
75 g Zuckerrohrgranulat
1 Teel. Zimtpulver
1 Prise Salz
abgeriebene Schale von
1/2 unbehandelten Zitrone
700 g Pfirsiche
4 Eßl. Sahne

Gelingt leicht

Pro Portion etwa:
2800 kJ/670 kcal
8 g Eiweiß · 42 g Fett
64 g Kohlenhydrate
7 g Ballaststoffe

• Zubereitungszeit: etwa 1 Stunde

1. Die Butter in einem kleinen Topf bei schwacher Hitze schmelzen lassen.

2. Das Mehl, die Mandeln, das Zuckerrohrgranulat, den Zimt, das Salz und die Zitronenschale in einer Schüssel mischen. Die Butter darüber träufeln und alles mit einer Gabel zu Streuseln vermischen.

3. Die Pfirsiche mit kochendem Wasser überbrühen, kurz ziehen lassen, häuten und in Schnitzen von den Steinen schneiden. Die Pfirsiche dachziegelartig in eine feuerfeste Form geben und mit der Sahne beträufeln. Die Streusel darauf verteilen.

4. Die Pfirsiche in der Form auf den Rost in den Backofen (Mitte) stellen. Den Ofen auf 200° schalten und die Pfirsiche etwa 35 Minuten backen, bis die Streusel gebräunt sind.

SÜSSES AUS DEM BACKOFEN

SÜSSES AUS DEM BACKOFEN

Apfelauflauf mit Mandeln

Zutaten für 4 Personen:
600 g säuerliche Äpfel (zum Beispiel
Gravensteiner oder Boskop)
1 Eßl. Zitronensaft
100 g abgezogene Mandeln
50 g weiche Butter
50 g Zuckerrohrgranulat
3 Eier
1 Teel. gemahlene Vanille
1 Prise Salz
Für die Form: etwas Butter

Preiswert

Pro Portion etwa:
1900 kJ/450 kcal
11 g Eiweiß · 32 g Fett
32 g Kohlenhydrate
6 g Ballaststoffe

- Zubereitungszeit: etwa
  1 1/4 Stunden

1. Die Äpfel gründlich waschen oder schälen, vierteln, von den Kerngehäusen befreien und in Schnitze schneiden. Die Äpfel mit dem Zitronensaft mischen.

2. Die Mandeln mit einem großen schweren Messer möglichst fein hacken, dann mit den Äpfeln mischen.

3. Die Butter mit dem Zuckerrohrgranulat sehr schaumig schlagen.

4. Die Eier trennen. Die Eigelbe nach und nach mit der Vanille unter die Buttermasse rühren. Die Eiweiße mit dem Salz

steif schlagen, dann vorsichtig unterheben.

5. Eine feuerfeste Form mit der Butter ausstreichen. Die Äpfel darin verteilen und mit der Eiermasse bedecken.

6. Die Form auf den Rost in den Backofen (unten) stellen. Den Ofen auf 180° schalten und den Auflauf etwa 45 Minuten backen, bis die Masse fest und schön gebräunt ist.

Reisauflauf mit Kirschen

Zutaten für 4 Personen:
125 g Naturreis (Rundkorn)
etwa 1/2 l Milch
1 Prise Salz
600 g Kirschen
3 Eier
60 g Zuckerrohrgranulat
1 Eßl. Carobpulver

Gelingt leicht

Pro Portion etwa:
1700 kJ/400 kcal
14 g Eiweiß · 11 g Fett
63 g Kohlenhydrate
4 g Ballaststoffe

- Zubereitungszeit: etwa
  1 1/2 Stunden

1. Den Reis mit der Milch und dem Salz in einem Topf mischen und zum Kochen bringen. Den Reis dann zugedeckt bei schwächster Hitze in etwa 30 Minuten ausquellen lassen. Dabei gelegentlich umrühren, damit der Reis nicht anbrennt.

2. Den Reis in eine Schüssel füllen und lauwarm abkühlen lassen.

3. Inzwischen die Kirschen waschen, abtrocknen und entsteinen.

4. Die Eier trennen. Die Eigelbe mit dem Zuckerrohrgranulat und dem Carobpulver verquirlen.

5. Die Eigelbmasse mit den Kirschen unter den abgekühlten Reis mischen. Die Eiweiße steif schlagen und vorsichtig unterheben.

6. Die Auflaufmasse in eine feuerfeste Form füllen.

7. Die Form auf den Rost in den Backofen (Mitte) stellen. Den Ofen auf 200° schalten und den Auflauf etwa 45 Minuten garen, bis er schön gebräunt ist.

Im Bild oben:
Apfelauflauf mit Mandeln
Im Bild unten:
Reisauflauf mit Kirschen

SÜSSES AUS DEM BACKOFEN

REZEPT- UND SACHREGISTER

Zum Gebrauch

Damit Sie Rezepte mit bestimmten Zutaten noch schneller finden, stehen in diesem Register zusätzlich auch beliebte Zutaten wie Kartoffeln oder Tomaten – ebenfalls alphabetisch geordnet und halbfett gedruckt – über den entsprechenden Rezepten.

A

Apfelauflauf mit Mandeln 60
Aprikosen mit Mohnhaube 58
Auberginen:
 Gefüllte Auberginen 15
Aufläufe
 Apfelauflauf mit Mandeln 60
 Dinkelauflauf mit Bohnen
  und Tomaten 40
 Gemüseauflauf mit Quark 20
 Grießauflauf mit Obst 54
 Kartoffel-Musaka 28
 Kartoffel-Rosenkohl-
  Auflauf 32
 Kartoffel-Tomaten-Auflauf 32
 Nudel-Bohnen-Auflauf 8
 Quarkauflauf
  mit Rhabarber 56
 Reisauflauf mit Kirschen 60

B

Blumenkohl
 Gratinierter Blumenkohl 24
 Kichererbsen-Blumenkohl-
  Gratin 34
Bohnen
 Dinkelauflauf mit Bohnen
  und Tomaten 40
 Nudel-Bohnen-Auflauf 8

C

Cannelloni mit Gemüse
 und Ricotta 10

D

Dinkelauflauf mit Bohnen
 und Tomaten 40

F

Fenchel mit Pilzkruste 16

G

Gemüseauflauf mit Quark 20
Gemüsegratin: Buntes Gemüse-
 gratin 20
Gemüsekuchen 50
Gratins
 Buntes Gemüsegratin 20
 Fenchel mit Pilzkruste 16
 Gratinierte Pilz-Brot-
  Klößchen 24
 Gratinierte Spätzle 12
 Gratinierte Zwetschgen 54
 Gratinierter Blumenkohl 24
 Kartoffel-Pilz-Gratin 30
 Kartoffelgratin
  mit Apfelkruste 30
 Kartoffeln mit Getreide-
  schrot 26
 Kichererbsen-Blumenkohl-
  Gratin 34
 Lauchgratin mit Tomaten-
  haube 16
 Nudelgratin mit Tomaten 8
 Pfirsiche mit Nußstreuseln 58
 Polentagratin 36
 Tofugratin mit Gemüse 44
 Tofugratin mit Kräuter-
  paste 44
 Tomatengratin mit Brot 18
Grießauflauf mit Obst 54

K

Kartoffeln
 Gebackene
  neue Kartoffeln 26
 Kartoffel-Pilz-Gratin 30
 Kartoffel-Rosenkohl-
  Auflauf 32
 Kartoffelgratin mit Apfel-
  kruste 30
 Kartoffeln mit Getreide-
  schrot 26
 Kartoffel-Musaka 28
 Pizza mit
  Kartoffeln 46
Käse
 Cannelloni mit Gemüse
  und Ricotta 10
 Möhren-Pilz-Quiche
  mit Ricotta 48
 Nudel-Bohnen-Auflauf 8
Kichererbsen-Blumenkohl-
 Gratin 34
Kräuterpfannkuchen
 mit Linsen 38

L

Lasagne mit Tomaten
 und Mangold 6
Lauchgratin mit Tomaten-
 haube 16
Linsen: Kräuterpfannkuchen
 mit Linsen 38

M

Mangold
Gefüllte Pilze mit Mangold 18
Lasagne mit Tomaten und Mangold 6

Mozzarella
Gefüllte Pilze mit Mangold 18
Gratinierte Spätzle 12
Roggenklößchen mit Tomaten 42
Roggenkuchen mit Tomaten 52
Tomatengratin mit Brot 18

Möhren
Möhren-Pilz-Quiche mit Ricotta 48
Cannelloni mit Gemüse und Ricotta 6

N

Nudel-Bohnen-Auflauf 8
Nudelgratin mit Tomaten 8

O

Obst
Apfelauflauf mit Mandeln 60
Aprikosen mit Mohnhaube 58
Gratinierte Zwetschgen 54
Grießauflauf mit Obst 54
Pfirsiche mit Nußstreuseln 58
Quarkauflauf mit Rhabarber 56
Reisauflauf mit Kirschen 60

P

Pfannkuchen: Kräuterpfannkuchen mit Linsen 38
Pfirsiche mit Nußstreuseln 58
Pilz-Brot-Klößchen: Gratinierte Pilz-Brot-Klößchen 24

Pilze
Fenchel mit Pilzkruste 16
Gefüllte Pilze mit Mangold 18
Gratinierte Pilz-Brot-Klößchen 24
Gratinierte Spätzle 12
Kartoffel-Pilz-Gratin 30
Möhren-Pilz-Quiche mit Ricotta 48
Polentagratin 36

Q

Quark: Gemüseauflauf mit Quark 20
Quarkauflauf mit Rhabarber 56
Quiche: Möhren-Pilz-Quiche mit Ricotta 48

R

Reisauflauf mit Kirschen 60
Rhabarber: Quarkauflauf mit Rhabarber 56
Roggenklößchen mit Tomaten 42
Roggenkuchen mit Tomaten 52
Rosenkohl: Kartoffel-Rosenkohl-Auflauf 32

S

Schichtkäse (Tip) 50
Selleriesoufflé mit Kräutersauce 22

Soufflés
Aprikosen mit Mohnhaube 58
Selleriesoufflé mit Kräutersauce 22
Spargel: Gratinierte Spätzle 12
Spätzle: Gratinierte Spätzle 12

T

Tofugratin mit Gemüse 44
Tofugratin mit Kräuterpaste 44

Tomaten
Cannelloni mit Gemüse und Ricotta 10
Dinkelauflauf mit Bohnen und Tomaten 40
Kartoffel-Musaka 28
Kartoffel-Tomaten-Auflauf 32
Kräuterpfannkuchen mit Linsen 38
Lasagne mit Tomaten und Mangold 6
Lauchgratin mit Tomatenhaube 16
Nudelgratin mit Tomaten 8
Roggenklößchen mit Tomaten 42
Roggenkuchen mit Tomaten 52
Tomatengratin mit Brot 18

Z

Zucchini
Gefüllte Zucchini 14
Tofugratin mit Gemüse 44
Tofugratin mit Kräuterpaste 44
Zwetschgen: Gratinierte Zwetschgen 54

REZEPT- UND SACHREGISTER

IMPRESSUM

Umschlag-Vorderseite:
Das Rezept für die gefüllten
Zucchini finden Sie auf
Seite 14.

© 1991 Gräfe und Unzer
Verlag GmbH, München.
Alle Rechte vorbehalten.
Nachdruck, auch auszugs-
weise, sowie Verbreitung durch
Film, Funk und Fernsehen,
durch fotomechanische
Wiedergabe, Tonträger und
Datenverarbeitungssysteme
jeglicher Art nur mit schriftlicher
Genehmigung des Verlages.

Redaktion: Claudia Bräunig
Layout: Ludwig Kaiser
Typographie und Herstellung:
Robert Gigler
Fotos: Odette Teubner,
Kerstin Mosny
Umschlaggestaltung:
Heinz Kraxenberger
Satz: GSD, München
Reproduktionen:
Greineder, München
Druck: Appl, Wemding
Bindung: Sellier, Freising

ISBN: 3-7742-1161-2

Auflage	10.	9.	8.	7.
Jahr	1999	98	97	96

Wichtiger Hinweis

Wenn bei den Rezepten Ge-
treide benötigt wird, so muß
beim Einkauf darauf geachtet
werden, daß das Getreide ge-
reinigt ist. Es muß befreit sein
von Schmutz und Unkrautsamen
(vor allem Samen der giftigen
Kornrade). Auch der wieder
häufiger auftretende Pilzparasit,
das Mutterkorn, der vor allem
den Roggen befällt, darf nicht
enthalten sein. Es ist ein
schwärzliches, meist stark ver-
größertes Getreidekorn. Mutterkorn ruft beim Genuß lebens-
gefährliche Vergiftungserschei-
nungen hervor. Getreide muß
also vor der Verarbeitung unbe-
dingt verlesen werden.
Fragen Sie Ihren Händler, ob
das Getreide durch eine Reini-
gungsanlage gelaufen ist.
Dann können Sie sicher sein,
daß es keine Verunreinigungen
enthält.

Cornelia Schinharl

lebt in München und interessier-
te sich schon immer für das
Thema Kochen. Nach ihrem
Sprachenstudium eignete sie
sich umfangreiche Kenntnisse
im Bereich Ernährung durch die
Arbeit bei einer Foodjournalistin
an. Seit 1985 ist sie als Redak-
teurin und Autorin selbständig
tätig. Von ihr sind bereits meh-
rere Kochbücher erschienen.

Odette Teubner

wurde durch ihren Vater, den
international bekannten Food-
Fotografen Christian Teubner,
ausgebildet. Heute arbeitet sie
ausschließlich im Studio für
Lebensmittelfotografie Teubner.
In ihrer Freizeit ist sie begeister-
te Kinderporträtistin – mit dem
eigenen Sohn als Modell.

Kerstin Mosny

besuchte eine Fachhochschule
für Fotografie in der französi-
schen Schweiz. Danach arbei-
tete sie als Assistentin bei verschiedenen Fotografen, unter
anderem bei dem Food-Foto-
grafen Jürgen Tapprich in Zü-
rich. Seit März 1985 arbeitet
sie im Fotostudio Teubner.